Fritz Laubach - *Aufbruch der Evangelikalen*

Fritz Laubach

Aufbruch der Evangelikalen

R. BROCKHAUS VERLAG WUPPERTAL

1972
Umschlaggrafik: Harald Wever, Wuppertal
Druck: Bundes-Verlag - Witten (Ruhr)
ISBN 3-417-00401-2

Vorwort

Das vorliegende Buch berichtet von Entwicklungen in einem wichtigen Bereich protestantischer Theologie und kirchlicher Praxis in den USA — von der Bewegung der „neuen Evangelikalen". Außerdem soll es die Querverbindungen aufzeigen, die von dieser Bewegung in den USA unmittelbar zu uns nach Deutschland führen.
Zuverlässige Informationen sind mir durch die Hilfe zahlreicher Freunde zugänglich gemacht worden. Herrn Prof. Millard Erickson, St. Paul, Minn. danke ich für die freundliche Erlaubnis, die umfassende Darstellung der Evangelikalen Theologie Amerikas in seinem Buch „The New Evangelical Theology" für den deutschen Leser auswerten zu dürfen. Wesentliche Anregungen verdanke ich der Theologischen Konferenz der „International Federation of Free Evangelical Churches" in North Park Theological Seminary in Chicago im September 1971. Eine anschließende Studienreise, die mich an verschiedene theologische Hochschulen im Süden und Westen der Vereinigten Staaten führte, hat mir zum besseren Verständnis der theologischen Situation in den USA verholfen. Besonderen Dank schulde ich Herrn Prof. Dr. Everett F. Harrison am Fuller Theological Seminary, Pasadena, Calif. für die kritische Durchsicht des Manuskriptes und Herrn Prof. Dr. F. Burton Nelson, Chicago, für die Erlaubnis, seinen Vortrag „Biblical Morality in a New Age" zu übersetzen und in diesem Buch unter den Texten zur evangelikalen Theologie zu veröffentlichen.
Hamburg, März 1972

Fritz Laubach

Inhaltsverzeichnis

	Seite
Vorwort	5
US-Klischee oder geistlicher Aufbruch?	9

Der Fundamentalismus in den USA und die Enstehung
einer neuen evangelikalen Bewegung 13

1. Der Ursprung der Evangelikalen 13
2. Der theologische Liberalismus 15
3. Die Entstehung des Fundamentalismus 17
4. Der Aufbruch einer neuen evangelikalen Bewegung . 22
   a) Glaubenstreue und Weltoffenheit (24) – b) Theologie als Wissenschaft (26) – c) Evangelisation (27) – d) Gemeinsame Arbeit (29)

Aspekte evangelikaler Theologie in Nord-Amerika . . 32

1. Das Verhältnis von Offenbarung und Autorität der Heiligen Schrift 32
2. Die Lehre von der Erlösung 44
   a) Die Frage nach Gott (44) – b) Der Mensch und die Sünde (47) – c) Die Versöhnung in Jesus Christus (49) d) Bekehrung, Rechtfertigung und Heiligung (52) – e) Die Hoffnung auf das Gottesreich (53)
3. Der apologetische Trend 57
   a) Wissenschaft und Glaube (57) – b) Die Gemeinschaft der Gläubigen (64)
4. Verantwortliches Denken und Handeln als Bewährung des Glaubens 69

Evangelikale Strömungen in Deutschland 82

1. Großevangelisationen mit Dr. Billy Graham und Europäischer Kongreß für Evangelisation . . . 83
2. Evangeliums-Rundfunk Wetzlar 87
3. „Konferenz evangelikaler Missionen" 90
4. Möglichkeit der Zukunft 93

	Seite
Texte zur evangelikalen Theologie	97
1. Europäische Evangelische Allianz. Unser Bekenntnis zur Heiligen Schrift	97
2. Die Basis der Evangelischen Allianz	100
3. Biblische Ethik in einem neuen Zeitalter . . .	106

Ethik als Antwort auf Gottes Handeln (106) — Personale Ethik: Lebensgestaltung als Dasein für andere (108) — Kirchliche Ethik: Das Volk Jesu — die Gemeinde für andere (109) — Handeln — hier und jetzt (110)

1. Der Ruf der Unterdrückten, frei zu sein (111)
2. Die Vergewaltigung der Erde (112) —
3. Die Armen und die Hungrigen (113)

4. Frankfurter Erklärung zur Grundlagenkrise der Mission	115
Sieben unaufgebbare Grundelemente der Mission .	116
Viten . . . . ,	122

US-Klischee oder geistlicher Aufbruch?

Seit Dr. Billy Graham 1960 in Essen, Berlin und Hamburg zum ersten Male Großevangelisationen in Deutschland durchführte, ist er mit seiner „amerikanischen Methode" immer wieder kritisiert und bespöttelt worden. Tageszeitungen nannten ihn das „Maschinengewehr Gottes". Mit einem mitleidigen Lächeln sprach man von Massensuggestion. Ja, man fragte sogar: „Wann wird die Christenheit in Europa erkennen, welchem Rattenfänger sie auf den Leim geht?" Was uns von einer neu aufgebrochenen geistlichen Bewegung in den USA – den Evangelikalen – durch ihren populärsten Sprecher vermittelt wurde, wertete eine hochmütige Kritik als „amerikanische Importware" ab, etwa im Sinne des abgewandelten Bibelwortes: „Was kann aus Amerika Gutes kommen?" Amerikanische Christen wurden als geistlich oberflächliche Pragmatiker etikettiert.

Mit dieser Haltung, wie sie durch die Massenmedien verbreitet wurde, korrespondiert offensichtlich eine theologische Einstellung, die die evangelisch-theologischen Fakultäten an den deutschen Universitäten zumindest in der Vergangenheit beherrschte. In den Jahren meines Theologiestudiums 1946-1952 habe ich es nicht erlebt, daß einer meiner verehrten Hochschullehrer auch nur einen einzigen amerikanischen oder angelsächsischen Theologen zitiert und auf seine wissenschaftliche Arbeit aufmerksam gemacht hätte. Man war offenbar nicht gewillt, zur Kenntnis zu nehmen, daß auch jenseits des Atlantik mit wissenschaftlicher Sorgfalt und geistlichem Tiefgang gearbeitet wurde. Bis heute scheint sich daran nicht viel geändert zu haben. Bezeichnend ist das Urteil des Niederländers Hendrikus Berkhof in seiner Stellungnahme zu Jürgen Moltmanns Buch „Theologie der Hoffnung": „Die *angelsächsische Literatur* liegt für M. wie für die meisten seiner Theologie treibenden Landsleute *jenseits des Gesichtskreises*. Schade, denn auch z. B. von J. E. Fison, P. Minear und A. Richardson hätte er *Korrektur und reiche Förderung* erfahren können".[1]

Dieser Trend in der deutschen Theologie muß sich verhängnisvoll auswirken. Im Bereich von Naturwissenschaften und Technik wissen wir, daß wir heute auf die Kommunikation mit den führen-

---

[1] Hrsg. W.-D. Marsch, „Diskussion über die Theologie der Hoffnung", München 1967, S. 182

den Köpfen der USA nicht verzichten können. Warum isoliert man sich im Bereich der deutschen Theologie? ²

Die Fernseh-Evangelisation Euro '70, geplant und durchgeführt von der Deutschen Evangelischen Allianz, hat nicht nur die Veranstalter, sondern auch die Gegner zu einer Auseinandersetzung mit dem Phänomen der Massenevangelisation gezwungen. Wir müssen die Frage gegenwartsgemäßer Verkündigung des Evangeliums neu überdenken. So hat Präses D. Thimme in einem Rundbrief an die Pastoren der Evangelischen Kirche in Westfalen u. a. gefragt: „Wie steht es um die schlichte, biblisch begründete, für die Menschen verständliche, seelsorgerlich ansprechende und zu persönlichem Glauben aufrufende Predigt? — Wie steht es in unserer Predigt und Seelsorge um konkrete Hilfen zur persönlichen Entscheidung?" ³

In einer Welt, in der die junge Generation auf allen Kontinenten von den gleichen Fragen bewegt wird, ist es doch eine erstaunliche Tatsache, daß während der North California Crusade Dr. Billy Grahams im Stadion von Oakland am 7. September 1971 unter den 44 000 Zuhörern etwa 75% junge Menschen unter 25 Jahren waren. Frage: Warum nicht auch bei uns in Deutschland? Mit der Euro '70 ist jedenfalls etwas in Gang geraten.

Starke Beachtung fand auch der von Dr. Billy Graham angeregte Weltkongreß für Evangelisation in Berlin 1966, dem ähnliche kontinentale Kongresse in Singapore 1968 und in Minneapolis 1969 folgten. Eine Auswirkung der Euro '70 war der Europäische Kongreß für Evangelisation in Amsterdam 1971. In den Vorträgen und Veranstaltungen zeichnete sich deutlich ab, daß der geistliche Impuls, der von Amerika nach Europa gelangt war, hier schon europäisches Profil gewonnen hatte.

Im gleichen Zeitraum der Vorbereitung und Durchführung der Euro '70 entstand die „Konferenz evangelikaler Missionen" und hat über den Kreis der Mitglieder des „Deutschen Evangelischen Missionsrates" hinaus manche Fragen aufgeworfen. Die „Frankfurter Erklärung zur Grundlagenkrise der Mission" hat bei vielen Zustimmung, andererseits sicher ebensoviel Ärger und Verdruß hervorgerufen.

Eines ist jedenfalls deutlich: Auch in Deutschland gibt es eine evangelikale Bewegung, die sich vorwiegend im Raum der Evan-

---

[2] Vgl. das Nachwort von Georg Huntemann „Graham, Deutschland und die Theologen" in John Pollock, „Billy Graham — die autorisierte Biographie", Wuppertal 1966, S. 204 ff

[3] zitiert bei Gerhard Kiefel, „Fazit Euro'70", Gladbeck 1971, S. 44

gelischen Allianz herauskristallisiert. Die Dinge sind noch im Fluß. Wahrscheinlich wird die Entwicklung in Deutschland anders verlaufen als die der amerikanischen Evangelikalen, von denen seit Jahren wichtige Impulse zu uns nach Deutschland gelangen. Sicher handelt es sich dabei nicht um ein amerikanisches Klischee, das von uns in Deutschland übernommen wurde und praktiziert wird. Doch werden wir den Aufbruch einer evangelikalen Bewegung in Deutschland besser verstehen, wenn wir ihn auf dem Hintergrund der amerikanischen evangelikalen Theologie sehen, weil hier wie dort die gleichen Kräfte wirksam sind. Diesem Verständnis sollen die folgenden Informationen dienen.

Der Fundamentalismus in den USA und die Entstehung einer neuen Evangelikalen Bewegung

1. Der Ursprung der Evangelikalen

Der Begriff „Evangelical" ist im englischen Sprachbereich entstanden. Die Anhänger der Reformation lutherischer und calvinistischer Prägung wurden als „Evangelicalles" bezeichnet, was dem deutschen Begriff „evangelisch" oder „die Evangelischen" entspricht. Sehr bald wurde diese Benennung im angelsächsischen Raum von dem Begriff „Protestant" verdrängt. Dabei ging es nicht nur um eine Frage der Terminologie; hier wirkten theologische Entwicklungen ein. Eine Frontstellung gegenüber der Church of England mit ihrer in der katholischen Kirche begründeten Tradition in Theologie und kirchlicher Praxis wird dabei unterschwellig mitgewirkt haben. Erst in der Mitte des 18. Jahrhunderts, in der Zeit der großen Erweckungsbewegung in England, taucht der Begriff „evangelical" wieder auf. „Bekehrung, Evangelisation und Erweckung sind Kennworte, die deutlich machen, worauf die verschiedenen Gruppen den größten Nachdruck legen, die aus der evangelikalen Erweckung hervorgingen. In England wurden diese Gruppen einfach The Evangelicals genannt".[4]

In dem Maße, wie sich das Wort „Evangelical" durchsetzt und ausbreitet, wird es inhaltlich gefüllt und geprägt. Die letzten Jahrzehnte des 18. Jahrhunderts bringen eine klare theologische Abgrenzung dieser Bewegung. Eindeutig ist im Stichwort „Evangelical" der Bezug auf das Evangelium; im Gegensatz zur Orthodoxie und der in jener Zeit vorherrschenden Moralpredigt geht es in der Verkündigung der Evangelikalen um die *Rechtfertigung des Sünders* durch den Glauben an Jesus Christus im Sinne *persönlicher Aneignung des Heils*. Zu der persönlichen Heilserfahrung tritt das Moment der *Sammlung der Gläubigen*, wie sie sich besonders im Methodismus unter der Verkündigung der Brüder John und Charles Wesley, George Whitefield, John Fletcher u. a. m. herauskristallisierte. Hinzu kommt der stark *evangelistisch-missionarische* Akzent der Erweckungsbewegung. Weil die beiden

---

[4] Denton Lotz, „The Evangelisation of the World in this Generation": The Resurgence of a Missionary idea among the Conservative Evangelicals, Hamburg 1970, S. 70

letzten Momente unlösbar miteinander verknüpft waren, wurden alle, die an dieser großen geistlichen Erneuerungsbewegung in England führend beteiligt waren, nicht nur als „Evangelicals", sondern auch zugleich als „Methodists" bezeichnet. Erst gegen Ende des 18. Jahrhunderts wurde dann der Begriff Evangelical dadurch eingeengt, daß man ihn vorwiegend auf die an der Erweckungsbewegung beteiligten Geistlichen anwandte, die in der Anglikanischen Kirche blieben. Grundlegend für die „Evangelicals" war, daß sie sich auf die *Autorität der Heiligen Schrift* gründeten. Ihre Liebe zum Wort Gottes war beispielhaft. So waren es die Evangelikalen, die sich um 1800 aus den verschiedenen Denominationen zur Gründung der großen britischen Missions-, Traktat- und Bibelgesellschaften zusammenfanden. Auf der Basis dieser umfangreichen interdenominationellen Zusammenarbeit der Evangelikalen kam es dann schließlich im Jahre 1846 in London zur Gründung der *„Evangelical Alliance"*, einer Allianz der Evangelikalen. Nicht ein Zusammenschluß aller evangelischen Christen und Gemeinden, keine Vereinigung von Kirchen, nicht eine „Protestant Alliance" war gemeint — angestrebt war eine tätige *Gemeinschaft aller Evangelikalen.*

921 Vertreter der Kirchen aus den Vereinigten Staaten, Kanada, England, Wales, Schottland, Irland, aus Frankreich, der Schweiz, aus Holland, Deutschland und Skandinavien fanden sich ein, nicht als offizielle Delegierte ihrer Kirchen, sondern als profilierte Christen aus 52 verschiedenen kirchlichen Gruppen und Gemeinschaften, deren Wort Gewicht hatte. Sie repräsentierten die Kräfte, die in der Erweckungsbewegung und in der Missionsarbeit wurzelten und die sich zur gemeinsamen Aufgabe der Evangelisierung der Welt zusammenfanden.[5] Von dieser Gründungsversammlung gingen starke Impulse geistlichen Lebens nach Nordamerika und auf den europäischen Kontinent aus. Im deutschen Bereich sind die Evangelikalen theologisch und noch mehr in ihrer praktischen Frömmigkeit im Pietismus und der Gemeinschaftsbewegung zu finden. Die deutschen Brief- und Gesprächspartner der englischen Evangelikalen waren dementsprechend Pietisten und Kreise der Christentumsgesellschaft in Wuppertal, Berlin, Nürnberg, Stuttgart, Basel und anderen Orten, die nun ihrerseits zahlreiche Bibel- und Missionsgesellschaften gründeten. Diese Kreise der Erweckungsbewegung und des Pietismus beteiligten sich an der

---

[5] Vgl. Erich Beyreuther, „Der Weg der Evangelischen Allianz in Deutschland", Wuppertal 1969, S. 10 ff

Formierung der weltweiten „Evangelischen Allianz" und wurden die Träger ihres deutschen Zweiges.[6]

Von England aus wurde diese Bewegung, die in der „Evangelical Alliance" erstmals eine Form gefunden hatte, die über die einzelnen Denominationen hinausreichte, in die Neue Welt getragen. Der Begriff „evangelical" war auch dort nicht fremd, bedeutete jedoch etwas anderes. In einer Zeit heftiger Konkurrenz unter den verschiedenen Religionsgemeinschaften hatte Robert Baird in seinem Buch „Religion in Amerika" (1844) zwischen „Evangelical" und „Unevangelical" unterschieden. Für Baird waren alle Protestanten „Evangelicals"; die „Unevangelicals" umfaßten die Gruppen der Katholiken, Unitarier, Swedenborg-Anhänger, Juden, Gottgläubigen, Atheisten und Sozialisten.[7]

Die Worte „Evangelikale" und „Protestanten" waren also in den Staaten 100 Jahre nach der englischen Begriffseingrenzung noch weithin gleichbedeutend. Erst die Kräfte, die in der innerprotestantischen Auseinandersetzung mit dem theologischen Liberalismus in den USA wirksam wurden, veränderten nach und nach die Bedeutung des Wortes „Evangelical". Aus dem Sammelbegriff für Protestantismus wurde eine Bezeichnung für eine besondere Bewegung innerhalb der Reformationskirchen — ebenso wie im England des 18. Jahrhunderts.[8]

2. Der theologische Liberalismus

Um die Entstehung der evangelikalen Bewegung zu verstehen, muß man ihre Vorgeschichte ein Stück weit zurück verfolgen. Ebenso wie der Fundamentalismus entstand sie als Gegenbewegung zum theologischen Liberalismus des 19. Jahrhunderts, der seinerseits eine Anpassung der Theologie an das durch die Aufklärung veränderte Weltbild war.

Im 18. Jahrhundert, dem Jahrhundert der Aufklärung, hatte man begonnen, mit Hilfe der Vernunft die „rechtgläubige" kirchliche Lehre an verschiedenen Punkten in Zweifel zu ziehen. Unter anderem setzte man bei den Gottesbeweisen an. Die nachreformatorische Orthodoxie hatte die mittelalterlich-scholastische Lehre

---

[6] Vgl. Ludwig Rott, „Die Evangelische Allianz", Evangelisches Allianzblatt, 1968, Nr. 10, S. 190 f
[7] Sidney Mead, in „Church History", Vol. XXIII, 4 (1954), S. 300
[8] Vgl. dazu das Kapitel „Who are the Evangelicals" bei Denton Lotz, a. a. O., S. 66 ff

der Gottesbeweise (Thomas von Aquin) übernommen. In ihrer „natürlichen Theologie" galt der kosmologische Gottesbeweis als unanfechtbar: Die Welt kann nicht ihre eigene Ursache sein; als Urheber und Schöpfer muß es ein Wesen geben, das absolut unabhängig ist und außerhalb seiner selbst keine notwendigen Voraussetzungen seiner Existenz hat. Ebenso sicher galt der theologische Gottesbeweis: Die sinnvolle Ordnung des Universums deutet auf die Weisheit eines göttlichen Planes. Das Gewissen des Menschen beweist schließlich die Existenz objektiver Normen für sittliche Entscheidungen, die wiederum einen höchsten ethischen Gesetzgeber erfordern.

Die Philosophie der Aufklärung bedrohte nun die bestehende Denkordnung; sie unterminierte den Ansatz der philosophischen Gottesbeweise. Besonders David Hume griff dieses Problem auf. Er war Empiriker und meinte, daß Erkenntnis dem Menschen nur durch seine fünf Sinne zukomme. Hume argumentierte, daß man mit diesem Erkenntnismittel den christlichen Gott nicht beweisen könne, denn es sei unmöglich, eine unendliche Ursache (Gott) aus einer endlichen Wirkung (der Welt) zu erschließen. Aus der Analyse der Wirklichkeit kann man die Idee der Verursachung nicht als notwendige Verbindung zwischen zwei Ereignissen ableiten.

Immanuel Kant folgte der von Hume gewiesenen Richtung. Auch ihn beschäftigte das Problem, wie Erkenntnis möglich sei. Er war überzeugt, daß für alle Erkenntnis zwei Grundvoraussetzungen gelten: die Vernunft stellt die Form bereit, aber die inhaltliche Füllung muß durch Sinneswahrnehmung erfolgen. Die Forderung nach theoretischer Erkenntnis Gottes stößt ins Leere, da man von ihm keine Sinneserfahrung hat. Wenn feststeht, daß der ganze Bewußtseinsinhalt von der Vernunft hervorgebracht wird und diese in der Bildung ihrer Erkenntnis in sich selbst gefangen bleibt, abgesehen von dem unbestimmbaren Faktor, den das „Ding an sich" liefert, so gibt es keine Möglichkeit mehr, den Gottesgedanken zu begründen. In der Welt der Erscheinungen ist für ein Wissen von Gott kein Platz. Die Vernunft bildet nur die Vorstellung „Gott" und denkt darunter den Besitzer der vollkommenen Realität. Der Gottesgedanke bedeutet nur noch die Erhebung über das Unvollkommene zum Vollkommenen, vor allem zum vollkommenen Intellekt.

Zu der philosophischen Erschütterung des Glaubens kam die Auseinandersetzung der Theologie mit neuzeitlichen naturwissenschaftlichen Erkenntnissen auf dem Gebiet der Biologie (Charles Darwin, „Origin of Species", Entstehung der Arten, 1859), der

Geologie (Alter der Erde) und der Anthropologie (Chronologie der Menschheit), die die Aussagen der Bibel, mindestens die bisherige Interpretation einschlägiger Stellen und die daraus abgeleiteten kirchlichen Lehren infrage stellten.

Auch die Einführung der historisch-kritischen Methode in die biblische Wissenschaft, also der Versuch, zu dem vorzudringen, was sich in bestimmten Situationen wirklich ereignet hat, die Methode der Quellenscheidung und die Literarkritik, die Stil und Urheberschaft literarischer Dokumente prüft, erbrachten Resultate, die mit der traditionellen Sicht der Bibel schwer zu vereinbaren waren.

Angesichts dieser Probleme waren viele Theologen, Pastoren und Laien der Überzeugung, daß der christliche Glaube nicht in seiner traditionellen Gestalt aufrechterhalten werden könnte. Sie entschieden, daß einzig die Anpassung der christlichen Lehre an die Ergebnisse der Naturwissenschaft, der Philosophie und der kritischen theologischen Forschung intellektuell redlich und geistlich befriedigend sei. Männer, die so dachten, wurden von ihren Opponenten als Liberale und Modernisten bezeichnet. Diese Strömung hat sich bis in die Gegenwart fortgesetzt. Trueblood beschreibt sie folgendermaßen: „Der Liberalismus ist weitgehend gekennzeichnet nicht durch das, was er glaubt, vielmehr durch das, was er nicht glaubt. So wird zum Beispiel jemand, der sich selbst als liberaler Christ bezeichnet, nicht an die Irrtumslosigkeit der Schrift glauben, ebenso nicht an die Jungfrauengeburt, weder an die leibliche Auferstehung Christi noch an seine Wiederkunft. Das Spektrum des Liberalismus ist so weit, daß es viel mehr als die erwähnten Verneinungen einschließen kann, die noch viel extremer sind. Nicht selten findet man einen Pfarrer, der die Möglichkeit von Wundern oder der Auferstehung Christi entschieden zurückweist." [9]

3. Die Entstehung des Fundamentalismus

Nun gab es aber auch zahlreiche Christen, die aufgrund ihrer Überzeugung die modernistische Lösung des Problems nicht gelten lassen wollten.[10] Sie wurden als „Konservative" be-

---
[9] Elton Trueblood, „The Future of the Christian", New York 1971, S. 69
[10] Vgl. Steward Cole, „The History of Fundamentalism", New York 1931

zeichnet. Die Konservativen spürten, daß der Aufbruch der liberalen Theologie folgenschwer war und ernst genommen werden mußte. Es ging um die Existenz der christlichen Gemeinden. Weil die liberale Theologie lebenswichtige Teile des christlichen Glaubens preisgegeben hatte, verteidigte sie diese Grundlehren der Bibel: das stellvertretende Sühnopfer Jesu Christi, die jungfräuliche Geburt und leibliche Auferstehung Jesu sowie die Inspiration und Irrtumslosigkeit der Heiligen Schrift.

Die Sorge um die zukünftige Entwicklung verband die konservativen Theologen über die Grenzen der Konfessionen hinweg. Aus der gemeinsamen Überzeugung erwuchsen verschiedene Formen interdenominationeller Zusammenarbeit. Zunächst entstand die Bibelkonferenz als erste Form gemeinsamer Arbeit. Konservative Pastoren und Laien kamen einige Tage zu biblischen Vorträgen zusammen, die sich oft sehr ausführlich mit der Lehre von der Wiederkunft Christi und verwandten Themen befaßten. Von 1876 an übten diese Konferenzen einen bestimmenden Einfluß auf den konservativen Protestantismus Nordamerikas aus. Die bedeutendste unter ihnen war die Niagara-Bibelkonferenz. Im gemeinsamen Gebet und Bibelstudium bemühten sich dort die Theologen und Pastoren, den christlichen Glauben — so wie sie ihn verstanden — zu *verteidigen* und den Angriffen der liberalen Theologie entgegenzutreten. Im Jahre 1895 gab die Niagaragruppe eine Schrift heraus, die man als erste Liste der „Fundamentals" bezeichnen kann. Man bestand darauf, daß es gewisse unerläßliche und unwandelbare Lehren gebe, an denen die christliche Kirche festhalten müsse: die Unfehlbarkeit der Heiligen Schrift, die Gottheit Christi, seine Geburt von der Jungfrau Maria, sein stellvertretendes Sühnopfer, seine leibliche Auferstehung und seine Wiederkunft.

Im Jahre *1909* setzte eine Entwicklung ein, die dazu führte, daß die konservativen Theologen ihren eigenen Standort klarer abgrenzten und definierten. Überzeugt davon, daß man die biblischen Grundlehren ausdrücklich festlegen sowie gegen den aufgekommenen Liberalismus verteidigen müsse, stellten zwei reiche kalifornische Laien, Lyman und Milton Stewart, für die theologische Begründung und Festigung des traditionellen Christentums bedeutende Mittel zur Verfügung. Sie finanzierten die Veröffentlichung und Verbreitung einer Reihe von Aufsätzen unter dem Titel „The Fundamentals".

Als Verfasser traten kompetente Wissenschaftler hervor, unter ihnen Männer wie James Orr, Benjamin B. Warfield, John C.

Ryle, H. C. G. Moule, M. G. Kyle und Charles R. Erdman. Ihre Abhandlungen, etwa über die Inspiration der Schrift oder das Verhältnis von Wiederkunft Christi und Tausendjährigem Reich, waren keineswegs von monolithischer Einheitlichkeit, sondern brachten verschiedene theologische Standpunkte zur Geltung, die sich allerdings im Rahmen des konservativen Protestantismus hielten. Wissenschaftlich-sachliche Argumentation kennzeichnete Inhalt und Ton der Arbeiten. Diese Artikel fanden weite Verbreitung. Bis der letzte Band erschien, konnten die Brüder Stewart eine Gesamtauflage von mehr als 3 Millionen Exemplaren bekanntgeben. Bald wurden die Anhänger der „Fundamentals" als *Fundamentalisten* bekannt. Dieser Begriff, wahrscheinlich geprägt von Curtis Lee Laws, dem Herausgeber der baptistischen Zeitschrift „The Watchman Examiner", erwies sich als treffender Name, der sich schnell durchsetzte.

Unter dem Einfluß der Erweckungsbewegung in der zweiten Hälfte des 19. Jahrhunderts kam es neben der theologischen Auseinandersetzung an Colleges und Universitäten zu einer innerkirchlichen Auseinandersetzung. Gruppen von Christen sammelten sich außerhalb der alten Reformationskirchen, der lutherischen und der presbyterianischen, und bezeichneten sich als „Evangelicals" im Gegensatz zu den Kirchen mit stark liturgischer Form und einem ausgeprägten Amts- und Kirchenbegriff. Es waren missionarisch-evangelistisch ausgerichtete Gemeinden, bei denen sich Auswirkungen der freien Evangelisationstätigkeit Dwight L. Moodys wie auch Einflüsse des Kirchenverständnisses von John Nelson Darby nachweisen lassen. Diese erwecklichen Gemeinden sammelten sich in der Evangelical Covenant Church und der Evangelical Free Church. Die Gründer dieser Gemeinden und Kirchenbünde standen mit ihrer Theologie bewußt im Lager der Fundamentalisten. So kam es, daß mit Beginn dieses Jahrhunderts im anglo-amerikanischen Sprachraum die Begriffe „Evangelicals" und „Fundamentalists" zwar nicht synonym, d. h. austauschbar waren, aber doch in enger geistiger Verbindung miteinander verstanden wurden.

Wohl gemerkt: In diesem Stadium war die theologische Arbeit der Fundamentalisten wesentlich auf wissenschaftlich-theologischer Beweisführung aufgebaut. Die führenden Männer boten eine begründete Rechtfertigung der konservativen Position und eine schlüssige Widerlegung der gegnerischen Argumente. Über die Artikelserie „The Fundamentals" hinaus setzten sich konservative Gelehrte wie J. G. Machen und B. B. Warfield auch noch durch andere Veröffentlichungen überzeugend für die konservative Interpretation des christlichen Glaubens ein.

Im Verlauf des Kampfes für die konservative Sache änderten sich jedoch Strategie und Taktik. Die Zahl hervorragender Wissenschaftler in den Reihen der Fundamentalisten wurde immer geringer. Es fehlte an Naturwissenschaftlern, die in der Lage gewesen wären, beim Vordringen der Evolutionstheorie die Argumente sorgfältig und sachlich auszuwerten, gültige anzuerkennen, falsche zu widerlegen und unsichere oder unklare anzugreifen. So wurde der Kampf mit Polemik fortgesetzt, die der Sache nicht gerecht wurde. Man versuchte, mit allen Mitteln die Stellung zu halten, indem man den Gegner lächerlich machte oder zu persönlichen Angriffen überging.

Als zweites Kampfmittel neben der Polemik wurde die Strafverfolgung eingesetzt. Dafür ein Beispiel: In Tennessee und einigen anderen Staaten erließ man Gesetze, nach denen es strafbar war, die Evolutionstheorie an staatlich geförderten Schulen zu verbreiten. In dem berühmt gewordenen Scopes-Prozeß 1925 wurde die Verfassungsmäßigkeit eines solchen Gesetzes angefochten. John Scopes, Biologielehrer an der Oberschule des Bergbaustädtchens Dayton in Tennessee, war verhaftet und unter Anklage gestellt worden, weil er die Evolutionstheorie lehrte. Clarence Darrow, ein glänzender Rechtsanwalt und einer der bekanntesten Strafverteidiger, bot seine Dienste als Verteidiger an. Als Agnostiker überzeugt, daß man über Gott keine zuverlässige Kenntnis haben könne, trat er gegen ein Gesetz auf, daß die Freiheit von Forschung und Lehre einschränkte. Für ihn stand fest, daß das Gesetz aus Unwissenheit und Kulturfeindlichkeit erwachsen war, und diese Wurzeln gedachte er bloßzulegen. Unter den Anklägern befand sich der bekannte Verfechter des Fundamentalismus William Jennings Bryan, Präsidentschaftskandidat der Vereinigten Staaten und Staatssekretär unter Präsident Wilson. Für ihn stand ebenfalls ein höheres Prinzip auf dem Spiel. Er vertrat den Standpunkt, daß der Unterricht in der Evolutionstheorie sich zerstörend auf die Moral und verheerend auf den Glauben der Söhne und Töchter jener Leute auswirke, die durch ihre Steuergelder immerhin den Lehrern das Gehalt bezahlten.

Der erste Teil des Prozesses war verhältnismäßig einfach und schnell erledigt: Scopes wurde eines Rechtsbruches für schuldig befunden. Der zweite Teil aber erregte mehr Diskussion und Interesse. Darrow suchte darzustellen, was Evolution besagt, und daß sie mit dem biblischen Schöpfungsbericht durchaus nicht unvereinbar sei. Er rief berühmte Wissenschaftler als Zeugen auf. Als Bryan gegen diese Vorgänge heftig protestierte, rief Darrow ihn selbst in den Zeugenstand und fragte ihn nach seinen Anschauungen über Evolution und Christentum. Zu diesem Zeitpunkt waren bereits Zeitungsreporter aus dem ganzen Lande dabei, und der Prozeß lieferte Schlagzeilen für ganz USA.

Nach Darrows Meinung beruhte Bryans Einstellung auf Unwissenheit; diese wollte er bloßstellen. Es gelang ihm, Bryan zu dem Eingeständnis zu bewegen, daß er eigentlich nicht wußte, was geschehen wäre, wenn die Sonne, so wie es Josua angeblich lehrt, stillgestanden hätte; Bryan war dieser Frage nicht nachgegangen.[11] Weiterhin gab Bryan zu, über die nichtchristlichen Kulturen auf der Erde nicht Bescheid zu wissen. Er wußte nicht, wieviel Sprachen es auf der Welt gab, er kannte weder das Alter der Erde noch das genaue Datum der Sintflut, kurz – Bryan erweckte den Eindruck, daß er einfach zu ungebildet war, um über Evolution zu diskutieren, da er die Probleme wirklich nicht durchdacht hatte.[12]

Das Problem ist deutlich: Die amerikanischen Fundamentalisten waren der Diskussion nicht gewachsen. Infolgedessen lehnten scharfsinnige Gelehrte verschiedener Fachrichtungen den fundamentalistischen Standpunkt ab oder nahmen ihn erst gar nicht zur Kenntnis, einfach deshalb, weil er mit intellektueller Redlichkeit anscheinend nicht vereinbar war. Das bedeutete nun nicht, daß alle Fundamentalisten von gleicher Art waren. Manche kannten ihre Grenzen und äußerten sich nicht zu Fachbereichen oder Themen, über die sie nicht genügend informiert waren. J. Gresham Machen z. B., der sich zu den Grundlehren des Fundamentalismus bekannte, weigerte sich, an einer Debatte über Evolution teilzunehmen – nicht deshalb, weil er in dieser Frage keinen eigenen Standpunkt vertrat, sondern weil er fand, daß er als Spezialist für das Neue Testament nicht die wissenschaftliche Qualifikation besaß, sich über jenes Thema auszulassen.

In einem anderen Bereich kam es ebenfalls zu einer Kontroverse zwischen Fundamentalisten und theologischen Liberalen. Die liberalen Theologen hatten das soziale Anliegen des Evangeliums

---

[11] Versuch einer naturwissenschaftlichen Erklärung von Josua 10, 11 ff bei Werner Schaaffs, „Christus und die physikalische Forschung", Berghausen 1967, S. 193 ff

[12] Am 12. November 1968 hat der höchste Gerichtshof der Vereinigten Staaten entschieden, daß das Gesetz des Bundesstaates Arkansas verfassungswidrig ist, das an staatlichen Schulen zu lehren verbietet, die Menschheit stamme entwicklungsmäßig von niederen Ordnungen der Lebewesen ab; zitiert bei Denton Lotz, a. a. O. S. 77

stark herausgestellt und betont, daß die sozialen Mißstände in Ordnung gebracht werden müßten, weil sie häufig Anlaß oder Nährboden der Sünde seien. Dagegen protestierten die Fundamentalisten und beharrten darauf, daß vor allem anderen Bekehrung und Wiedergeburt nötig sei: Zuerst individuelle Rechtfertigung, danach soziale Gerechtigkeit, das — so sagten sie — sei die richtige Reihenfolge. Mit dieser biblischen Begründung für den Vorrang des evangelistischen Ansatzes gingen die Fundamentalisten so weit, daß sie den sozialen Akzent des Evangeliums vernachlässigten. Sie beschränkten sich immer mehr auf die „Rettung der Seele" und kümmerten sich nicht um die sozialen Bedürfnisse des Menschen.

Überall fühlte man sich angegriffen und ging in Abwehrstellung. Ein schroffer, liebloser Geist wurde typisch für die Haltung der amerikanischen Fundamentalisten. Auch in den eigenen Reihen wucherten Argwohn und Zänkereien über unbedeutende Punkte der Lehre.

Der Wandel vollzog sich ganz allmählich. Ursprünglich eine Bewegung von echter Gelehrsamkeit mit positiven Aussagen und einer gewissen Breite der evangelischen Basis wurde der Fundamentalismus nach und nach zu einer negativen, defensiven und reaktionären Angelegenheit mit verengtem theologischem Horizont, ohne akademisches Niveau und ohne literarische Produktivität. Die Fundamentalisten verharrten in einem unbegründeten Konservatismus, aus „Furcht vor dem offenen Fenster" — der echten geistigen Auseinandersetzung. Während in den neunziger Jahren des vorigen Jahrhunderts die Liberalen in Amerika keinen sicheren Stand hatten, war es nun an den Fundamentalisten, das Feld zu räumen.

4. Der Aufbruch einer neuen evangelikalen Bewegung

Angesichts dieser Tatsachen überrascht es nicht, daß der Einfluß des Fundamentalismus im kirchlichen Raum abnahm. Erfolgreich erwies sich die Tätigkeit fundamentalistischer Kreise noch in der Evangelisation, wie sie auch in der Äußeren Mission ein weites Betätigungsfeld fanden. Bei allem Interesse der Liberalen an der Linderung sozialer Nöte waren nicht sie, sondern die Fundamentalisten führend in der evangelistisch-missionarischen Verkündigung wie in der ärztlichen Mission, auf dem Sektor der Erziehung und des Schulwesens und in der Literaturarbeit. Es fehlte im Fundamentalismus auch nicht völlig an Stätten wissenschaftlicher Arbeit; Hochschulen wie das Westminster Seminar oder das Seminar in Dallas, die Ende der zwanziger Jahre gegründet wurden, hielten die Tradition gründlicher und verläßlicher Gelehrsamkeit aufrecht, wenn sie dem Dialog mit dem Liberalismus auch beharrlich aus dem Wege gingen.

Außerdem gab es noch ein Zeichen beharrlicher Lebensfähigkeit innerhalb des Fundamentalismus. Hier und da wurden Stimmen laut, die nicht nur ihr Bedauern über die problematische Situation des Fundamentalismus zum Ausdruck brachten, sondern auch Kritik an seinen Methoden übten. Jedoch erst nach dem zweiten Weltkrieg wurden diese Stimmen kräftiger, zahlreicher und einflußreicher und führten damit eine Neuentwicklung in der Geschichte des amerikanischen Protestantismus herbei.

Die Jahre 1946 - 1948 brachten gleichsam einen Vulkanausbruch literarischer Produktivität. Dr. Harold Ockenga, Pastor an der historischen Park Street Church in Boston, Prof. Edward Carnell und Prof. Carl H. F. Henry befaßten sich in ihren Schriften kritisch mit einzelnen Aspekten des amerikanischen Fundamentalismus. Zunächst unabhängig voneinander, verfolgten alle drei das Ziel, die grundlegenden Wahrheiten der biblischen Botschaft ohne Einbuße an geistlicher Substanz neu zu formulieren, und zwar in qualifizierter Weise, mit akademischer Sorgfalt und in gesprächsbereitem Geist. Dabei vertraten sie den Standpunkt, daß die ethische Stoßkraft der Botschaft sich im sozialen Raum auswirken müsse. *Eine evangelikale Erneuerung in der theologischen Literatur begann.* Bahnbrechend wirkte Carl Henry's „Remaking the Modern Mind" („Erneuerung des modernen Geistes"), „The Uneasy Conscience of Modern Fundamentalism" („Das schlechte Gewissen des modernen Fundamentalismus") und seine Artikelserie über die neue evangelikale Bewegung in der Zeitschrift „Christian Life and Times". Diese Zeitschrift brachte auch Ockenga's Aufsatz „Can Fundamentalism Win Amerika?" („Kann der Fundamentalismus Amerika gewinnen?"), in dem er die Frage selbst mit der Feststellung beantwortet „... not as presently constituted!" („... nicht in seiner gegenwärtigen Verfassung!").[13]

---

[13] Christian Life and Times, 1947, Vol. 2, Nr. 6, S. 13 ff

a) Glaubenstreue und Weltoffenheit

Ein Kennzeichen der neuen Bewegung, des „New Evangelicalism" (Henry), war die *unvoreingenommene Auseinandersetzung mit den Problemen der Gegenwart*. Die evangelikalen Theologen empfanden, daß die konservativen Kräfte in der fundamentalistisch-modernistischen Kontroverse eindeutig unterlegen waren. Das lag weithin an mangelnder wissenschaftlicher Qualifikation auf Seiten der Konservativen. Deshalb waren die Evangelikalen entschlossen, sich zunächst auf ihrem jeweiligen akademischen Fachgebiet zu qualifizieren, um die Diskussion so zu führen, daß sie dem neuesten Stand der Forschungsergebnisse entsprach. Auch wollten sie sich nicht zu Fachfragen äußern, von denen sie nicht genug verstanden. Neben der Forschung in den biblisch-theologischen Fachrichtungen und der Archäologie war die Sozialethik ein Hauptthema, dem man sich zuwandte. Viele Fundamentalisten hatten alle Versuche kritisiert, auf sozialem Gebiet Änderungen herbeizuführen. Aus dem Glauben, daß der sündige Mensch in seiner Natur gänzlich verdorben sei, und aus der Erwartung der baldigen Wiederkunft Jesu hatten sie den Schluß gezogen, die einzige Aufgabe bestehe darin, den Sünder aus seiner Verlorenheit zu retten und keine Zeit mit der Bekämpfung sozialer Mißstände zu verschwenden. Mit ihrem neuen Ansatz wollten die evangelikalen Theologen nicht die „Fundamentals" preisgeben. Es ging ihnen vielmehr darum, ein bestimmtes Thema, das innerhalb des evangelischen Lebensraumes zu kurz gekommen war, neu aufzugreifen. Man predigte kein „social gospel" (Soziales Evangelium); persönlich erfahrene Wiedergeburt war und blieb Voraussetzung der Erlösung. Aber man wollte die Botschaft des Evangeliums im sozialen Bereich angewandt wissen. Mit erstaunlicher Intensität haben die evangelikalen Theologen auch Fragen der *Apologetik* und der *philosophischen Begründung des christlichen Glaubens* aufgegriffen, die sie — aus der Sicht der kontinentalen Theologie — wieder in die Nähe eines christlichen Rationalismus und der natürlichen Theologie bringen. Auch das Verhältnis von theologischer und naturwissenschaftlicher Erkenntnis wird immer wieder diskutiert, wobei sich die Arbeit der Evangelikalen besonders auf *Wissenschafts- und Methodenkritik* konzentriert. Diese spezielle Strömung innerhalb der evangelikalen Theologie wurde durch die „American Scientific Affiliation" unterstützt, von 5 Wissenschaftlern im September 1941 in Chikago gegründet. Mit ihrem Anliegen, den Glauben junger Menschen vor den zersetzenden Einflüssen des naturwissenschaftlichen Materialismus zu bewahren, gewann die Vereinigung stetig neue Mitglieder, neue Arbeitsmöglichkeiten und größeren Einfluß. Eines der erklärten Ziele der Gruppe war, Fachliteratur zur Auseinandersetzung zwischen Wissenschaft und Heiliger Schrift bereitzustellen. In den verschiedenen Spezialgebieten fanden sich Männer, die von ihrer Ausbildung her in der Lage waren, die Arbeit da fortzusetzen, wo die Theologen nicht mehr zuständig waren.

Der Aufbruch der evangelikalen Bewegung in Amerika stand deutlich unter dem Einfluß der evangelikalen Strömungen in England. Der geistige und geistliche Austausch zwischen England und Nordamerika war — durch die geschichtliche Entwicklung bedingt — im 19. und 20. Jahrhundert reger als der zwischen dem Inselreich und dem europäischen Festland. Von der Gründung der „Evangelical Alliance" an waren immer wieder geistliche Impulse von Europa nach den USA gelangt, wie andererseits die amerikanischen Evangelisten in England in großem Segen gewirkt hatten, so Dwight L. Moody, John Mott und Robert Wilder. Unter ihrem Einfluß war es zu der Gründung christlicher Studentengruppen an verschiedenen englischen Universitäten gekommen, die sich in der „Student Christian Movement" zusammenschlossen, sich aber in den ersten zwei Jahrzehnten unseres Jahrhunderts immer mehr von ihrem evangelikalen Ursprung entfernten. Nach dem ersten Weltkrieg sammelten sich gläubige Studenten in kleinen missionarisch-evangelistischen Gruppen, den Christian Unions, die sich *1928 zur Inter-Varsity Fellowship of Evangelical Unions* (IVF) vereinigten. Die Glaubensgrundlage der IVF stimmte inhaltlich mit der Basis der „Evangelical Alliance" von 1846 überein.[14] Von dieser Studentenbewegung und den aus ihr hervorgegangenen Akademikern ging bis in die Gegenwart hinein ein ständig zunehmender Einfluß aus, nicht nur auf die Theologie, sondern auch in alle anderen Wissenschaften und in viele Bereiche des öffentlichen Lebens in Großbritannien. Noch im Gründungsjahr 1928 bereiste Dr. Howard Guinness im Auftrag der IVF Kanada, Australien und Neuseeland und gründete auch dort evangelikale Studentengruppen.[15]

Kehren wir zurück zu den Vereinigten Staaten. Schon 1937 hatten einzelne Studenten und Akademiker Verbindung zu den

---

[14] „Evangelical Belief", hrsg. v. Advisory Committee IVF, London, 1951, S. 11
[15] F. D. Coggan, „Christ and the Colleges, A History of the Inter-Varsity Fellowship of Evangelical Unions", London, 1934, S. 157 ff

Evangelikalen an den Universitäten Kanadas, der Inter-Varsity Christian Fellowship of Canada, aufgenommen. In den folgenden Jahren besuchte der Generalsekretär C. Stacey Woods die USA, rief an vielen Orten Studentengruppen ins Leben und gründete 1940 die Inter-Varsity Christian Fellowship of the United States of America. Diese Organisation schloß sich mit zahlreichen ähnlichen Studentenbewegungen, u. a. der IVCF Kanadas und der englischen IVF 1947 zur *„International Fellowship of Evangelical Students"* (IFES) zusammen.[16] Hier arbeiteten Studenten und junge Akademiker zusammen, die ihr Christsein in Studium und wissenschaftlicher Arbeit bewähren wollten und sich darauf vorbereiteten, eines Tages führende Positionen in Staat und Kirche ebenso wie an den Universitäten zu übernehmen. Ihnen ging es darum, ihren Einfluß als Christen in allen Bereichen des Lebens geltend zu machen.

b) Theologie als Wissenschaft

Vom Ansatz der neuen evangelikalen Bewegung her ist es zu verstehen, daß man großen Wert auf eine gründliche *theologische Ausbildung* legte. Als sich immer mehr christliche Colleges dem Liberalismus zuwandten, gewann der Fundamentalismus seine Pastoren zunehmend aus Bibelschulen mit dreijähriger Ausbildungszeit. Nach dem zweiten Weltkrieg stieg die Zahl der Studierenden sprunghaft an, und der Bildungsstand des Bevölkerungsdurchschnitts hob sich rasch. Also mußten die Evangelikalen ihre Theologen gründlicher schulen, damit sie der Auseinandersetzung gewachsen waren. Dies führte u. a. zur Gründung des *Fuller Theological Seminary.* Viele Jahre lang war Pastor Charles E. Fuller als Evangelist und Bibellehrer tätig gewesen und hatte die Rundfunksendung „Old fashioned Revival Hour" (heute unter dem Namen „The joyful sound") begründet und geleitet. Dabei hatte er immer wieder die Einrichtung eines interdenominationellen evangelistischen Seminars an der Westküste in Aussicht gestellt. Am Sonntag, dem 15. 6. 1947, kündigte Fuller in seiner Nachmittagssendung an, daß am 1. 10. 1947 in Pasadena/Californien das Fuller Seminar eröffnet werden würde.

Die neugegründete Fakultät umfaßte anfangs wenige, aber profilierte Theologen. So wurde Prof. Everett *Harrison* auf den

---

[16] Douglas Johnson, „A Brief History of the International Fellowship of Evangelical Students", Lausanne, 1964, S. 71 ff; 160 ff

Lehrstuhl für Neues Testament berufen, Prof. Harold *Lindsell* für Kirchengeschichte und Missionskunde, Prof. Carl *Henry* als Professor für Systematische Theologie und Religionsphilosophie und Prof. Wilbur M. *Smith* für Bibelkunde AT und NT. Man fing bescheiden an — mit nur 4 hauptamtlichen Professoren und 40 Studenten. Heute umfaßt das Fuller Seminar eine Theologische Fakultät mit 17 hauptamtlichen Hochschullehrern, dazu eine Fakultät für Psychologie und eine Fakultät speziell für Weltmission. Einen ähnlich starken Einfluß im Bereich der evangelikalen Theologie übt heute das *Gordon Theological Seminary* in Wenham, Mass., aus.

Auffallend war auch die Entwicklung im Bereich der *wissenschaftlichen Veröffentlichungen*. Wie schon angedeutet, hielten es die evangelikalen Theologen für sinnvoll, ihr Forschen und Denken der Öffentlichkeit bekanntzumachen, und so strömte eine wahre Flut von Aufsätzen und Büchern aus ihrer Feder. Die theologische Fachwelt begann zu merken, daß im evangelikalen Lager literarisch gearbeitet wurde.

c) *Evangelisation*

Ein weiteres Kennzeichen der neuen Bewegung waren die *Groß-Evangelisationen* Dr. Billy *Grahams*. Hier fand die evangelikale Bewegung einen Verkündiger, der imstande war, die Gedanken verständlich auszudrücken und die Vorstellungsmöglichkeit der theologisch nicht geschulten Menschen anzusprechen. Seine Arbeit dürfte ein wesentlicher Grund dafür sein, daß die neue evangelikale Denkrichtung sich bald im religiösen Leben Amerikas durchsetzte. Graham war im baptistischen Fundamentalismus südstaatlicher Prägung aufgewachsen. Er hatte an der Bob Jones University, der Florida Bible School und am Wheaton College studiert. Nach einem Pfarramt in Western Springs, einem Vorort von Chikago, ging er als Evangelist zur Organisation „Jugend für Christus". Etwa 1949 begann er durch seine Zuhörerzahlen und durch die starke Wirkung, die seine Predigt auf die Menschen hatte, Aufsehen zu erregen. Graham wurde nun sehr schnell bekannt, und bald führte er Massenevangelisationen in den Großstädten der ganzen Welt durch. Der Durchbruch zu dieser neuen Art von Mission erfolgte bei der Evangelisation, die vom 15. Mai bis 1. September 1957 im Madison Square Garden in New York veranstaltet wurde. Abend für Abend strömten viele Tausende in den Saalbau, mehr als 2 Millionen Menschen hörten in diesen

Wochen das Evangelium."[17] Die authentischen Berichte von der Evangelisation machen deutlich, wie stark in den Veranstaltungen die geistliche Tradition der evangelikalen Erweckungsversammlungen des 18. und ausgehenden 19. Jahrhunderts weitergeführt wurde.[18] Graham hat seiner Überzeugung als evangelikaler Verkündiger in einem Aufsatz „Bekehrung — Revolution der Persönlichkeit" Ausdruck gegeben, in dem es u. a. heißt: „Bekehrung ist Wirkung der Botschaft auf den Menschen in seiner Ganzheit: In seinem Denken wird er überzeugt, seine Gefühle werden bewegt, sein Wille veranlaßt, mit einer Entscheidung zu antworten. Ich hege keinen Zweifel daran, wenn alle Christen in der Welt plötzlich beginnen würden, die Botschaft zu verkünden und andere zu einer Begegnung mit Jesus Christus zu bringen — wir würden über Nacht eine völlig veränderte Welt haben. Das ist die Revolution, die in der Welt dringend notwendig ist."[19]

Dr. Graham kam aus dem strengen Fundamentalismus. Im Laufe seiner Tätigkeit als Evangelist jedoch wurde seine theologische Sicht umfassender. Seine Auslegung der Bibel hat eine Entwicklung durchgemacht, die man als Weg vom Buchstaben zum geistlichen Verständnis bezeichnen könnte. In seiner Frühzeit predigte Graham eine Hölle, in der wirkliches Feuer brannte. Den Himmel stellte er als Würfel mit einer Kantenlänge von 1.600 Meilen dar. Später kam er zu der Überzeugung, daß das Höllenfeuer der brennende Durst nach Gott sei, den jene leiden müßten, die auf ewig aus seiner Gegenwart verbannt seien. Die Hölle verliert jedoch nicht an Realität, ob man nun die Bibelworte, die von ihr sprechen, im wörtlichen oder übertragenen Sinn versteht. Der Himmel wird später von Graham als „Ort jenseits unserer Erkenntnis" vorgestellt.

Charakteristisch für Grahams Entwicklung ist außerdem die steigende Betonung der sozialen Folgerungen aus dem Evangelium. Das kann man feststellen, wenn man die Rundfunksendung „Stunde der Entscheidung" einige Jahre lang verfolgt hat. [20] Graham sagt, daß das Evangelium eine horizontale und eine verti-

---

[17] Vgl. Curtis Mitchell, „God in the Garden, The Story of the Billy Graham New York Crusade", New York 1957
[18] Everett C. Parker, „Protestants on Broadway", The Christian Century 1957, Vol. 74, Nr. 38, S. 1095
[19] Billy Graham, „Conversion: a personal Revolution" in Ecumenical Review, Vol. XIX, Nr. 3, 1967, S. 284
[20] Die Sendung wird seit Oktober 1965 regelmäßig in deutscher Sprache vom Evangeliums-Rundfunk Wetzlar (Monte Carlo) ausgestrahlt.

kale Richtung besitzt, und daß jeder, der nur eine dieser beiden Dimensionen verkündigt, bestenfalls ein verstümmeltes Evangelium anbietet. Er hat immer versucht, den Ausgleich zwischen den beiden Richtungen herzustellen. Mindestens ein Drittel seiner Predigttätigkeit verwendet er darauf, die Menschen zur Anwendung der biblischen Grundsätze in ihrem persönlichen und sozialen Leben anzuleiten.

Bezeichnend für Billy Grahams evangelistische Arbeit ist die „Kooperative Evangelisation". Er suchte immer wieder die Zusammenarbeit mit Predigern der verschiedenen theologischen Richtungen, ob liberal oder konservativ. Bei seinen Großstadtveranstaltungen begrüßt er es sehr, wenn die Einladung und Planung von einer Arbeitsgemeinschaft übernommen wird, die alle möglichen Schattierungen des theologischen Spektrums umfaßt.

Der Name Billy Graham ist in Amerika und Europa zum Schlagwort geworden. In den letzten 20 Jahren hat er vor Millionen von Menschen gepredigt. Einige seiner Großveranstaltungen sind von den Fernsehsendern ausgestrahlt worden, und er hat regelmäßig Sendezeiten im Rundfunkprogramm. Die von seiner Organisation herausgegebene Zeitschrift „Entscheidung" gelangt in Millionen Haushalte. Er ist unzählige Male vom Fernsehen und der Weltpresse interviewt worden; und all dies trug auch zur Ausbreitung der evangelikalen Bewegung bei.

d) Gemeinsame Arbeit

Ein weiterer charakteristischer Zug der neuen evangelikalen Bewegung war der Nachdruck, mit dem man sich für die *Einheit der Gläubigen* einsetzte. Man erkannte sehr wohl, daß ein Grund für das Versagen des konservativen Protestantismus in seinem separatistischen Individualismus lag. Die gleiche Gefahr drohte auch der neuen Bewegung. Das Maß an theologischer Einheit und geistlicher Kraft der Evangelikalen sollte nicht dadurch wirkungslos bleiben, daß man sich unfähig zur Schaffung einer vernünftigen organisatorischen Einheit zeigte. Es gab bereits eine Organisation mit dem Namen „Federal Council of Churches of Christ", die sich später „National Council of Churches of Christ" (Nationalrat der Kirchen Christi) nannte und größtenteils auf liberalem Glaubens- und Wirklichkeitsverständnis fußte. Auch gemäßigte Konservative fühlten sich nicht imstande, in dieser Gruppe mitzuarbeiten. 1940 organisierte sich eine Gruppe des strengen Fundamentalismus unter der Führung von Carl McIntire als „American

Council of Christian Churches" (ACCC), die sich fast ausschließlich in der Polemik gegen den „National Council" erschöpfte. Niemand, der dem Nationalrat der Kirche Christi angehörte, konnte Glied des fundamentalistischen Kirchenrats werden. Carl McIntire griff jeden öffentlich an, der nicht in allen Lehrfragen mit ihm übereinstimmte. Diese Haltung stieß viele Konservative ab. Einige gemäßigte Konservative luden nun eine große Zahl führender Persönlichkeiten aus den verschiedenen christlichen Gemeinden zu einem Treffen vom 7. — 9. April 1942 nach St. Louis ein. Diese Gruppe fußte auf den biblischen Grundlehren, wie sie als Basis der „Evangelical Alliance" 1846 in London formuliert worden war.[21] Man bemühte sich, die geistlich aktiven Kräfte der verschiedenen christlichen Gemeinden und Kirchen auf dem Gebiet der Evangelisation, des Unterrichtswesens, der Publizistik, des Rundfunks, der Mission und der sozialen Arbeit zu koordinieren. Daraus entstand eine Organisation, die als „National Association of Evangelicals" (NAE = Nationale Vereinigung der Evangelicalen) bekanntgeworden ist.

Trotz eindeutiger Vorbehalte gegen die theologische Einstellung und Praxis des Nationalrates wollte die Vereinigung sich nicht grundsätzlich kritisch gegen jene Gruppe festlegen. So sollte die Mitgliedschaft im Nationalrat einzelne Kirchen oder Denominationen nicht von der Aufnahme in die NAE ausschließen, vorausgesetzt natürlich, daß sie sich guten Gewissens zu den Grundsätzen der NAE bekennen konnten, denn die Zusammenenarbeit sollte auf geistliche Einheit gegründet sein.[22] Die NAE war also mehr eine Arbeitsgemeinschaft von einzelnen Christen und Gemeindegruppen als eine Kirchenkonföderation oder gar eine Art „Superkirche". Ihre Gründung steht am Anfang des neuen evangelikalen Aufbruchs; und die Entwicklung der evangelikalen Bewegung ist entscheidend durch die NAE und deren ersten Präsidenten Dr. Harold Ockenga geprägt worden.

Von der NAE gingen starke Impulse auf die Missionsarbeit aus, besonders durch die Missionskonferenz von Urbana und Wheaton.[23] So haben nach Ansicht von Prof. Dr. Kenneth Kantzer, Deerfield/Ill., etwa 25 % der Pastoren in den USA und 90 %

---

[21] „Statement of Faith — National Association of Evangelicals", Text bei Denton Lotz, a. a. O., S. 492
[22] Vgl. Harold J. Ockenga, „Our Evangelical Faith", Grand Rapids 1946, S. 72
[23] 7., 8. und 9. Inter-Varsity Missionary Convention in Urbana 1964, 1967 und 1970 und Congress on the Church's Worldwide Mission in Wheaton 1966.

aller amerikanischen Missionare ihre geistliche Heimat in evangelikalen Kreisen.

Bezeichnend für die Entwicklung der Evangelikalen ist ein Artikel „The Evangelical Undertow" (Die evangelikale Unterströmung) in der Zeitschrift „Time" vom 20. 12. 1963. Hier wird von einem schwer lokalisierbaren „dritten Strom" im amerikanischen Protestantismus gesprochen, der „mitten zwischen einem primitiven, vereinfachenden Fundamentalismus einerseits und dem nur philosophisch bestimmten Glauben andererseits verläuft, wie ihn eine Vielzahl bekannter amerikanischer Theologen vertritt".[24] Wie stark sich die evangelikale Bewegung durchgesetzt hat, zeigt die Aussage von Trueblood: „Wir hören das Wort Fundamentalismus nicht mehr oft, es ist aus der Mode gekommen".[25]

Die theologische Konzeption der Evangelikalen ist in erster Linie biblisch orientiert. Dieser Biblizismus verbindet sie mit dem Fundamentalismus, mit dem sie in der Lehre manches gemeinsam haben. Doch ist diese theologische Haltung verbunden mit einer klaren Bejahung wissenschaftlich-theologischer Arbeit und der Bereitschaft zur Zusammenarbeit mit den Gliedern der Gemeinde Jesu verschiedener geschichtlicher Prägung. Jede Form eines geistlich und geistig engen Provinzialismus wird zurückgewiesen.

Bis heute fehlt den Evangelikalen eine vollständige Systematische Theologie nach dem neuesten Stand der Diskussion. Doch haben sie eine eigene Lehrauffassung in den Bereichen entfaltet, in denen der Fundamentalismus das richtige Verständnis verstellt hatte, wo sich neue theologische Aspekte ergaben oder wo die konservative Theologie heute vor neuen Problemen steht.

---

[24] M. Erickson, „The New Evangelical Theology", Westwood, N. J. 1968, S. 7
Ebenso urteilt Elton Trueblood, „The Future of the Christian", New York 1971, S. 71: „Eine der ermutigendsten Tatsachen unserer Zeit ist, daß eine echte dritte Möglichkeit (zwischen Fundamentalismus und Liberalismus) aufkommt. Diese dritte Möglichkeit, die sich mit erstaunlicher Geschwindigkeit entwickelt, wird am besten als New Evangelicalism (neue evangelikale Bewegung) bezeichnet."
[25] Elton Trueblood, a. a. O., S. 67

Aspekte evangelikaler Theologie in Nord-Amerika

1. Das Verhältnis von Offenbarung und Autorität der Heiligen Schrift

Die Darstellung der geschichtlichen Entwicklung hat deutlich gemacht, daß die amerikanischen Evangelikalen bewußt an den Biblizismus der konservativen Theologie anknüpfen, aber nach neuen Ausdrucksformen ihres theologischen Denkens suchen. Von diesem Ausgangspunkt her ist es verständlich, daß sie einen wesentlichen Teil ihrer Veröffentlichungen dem Thema der Offenbarung und Autorität der Heiligen Schrift widmen. Henry schreibt: „Wir stimmen darin überein, daß die Frage nach der Autorität, besonders der Autorität der Schrift, die Wasserscheide der theologischen Überzeugung ist".[26] Man versucht den Standort und Ausgangspunkt theologischer Reflektion neu zu begründen. Dabei macht sich eine Eigenart ihres Denkens bemerkbar, der wir immer wieder begegnen: jener christliche Rationalismus, mit dem sie die Selbstoffenbarung Gottes der menschlichen Vernunft einsichtig zu machen versuchen. So begegnen wir in zahlreichen anglo-amerikanischen Veröffentlichungen den gleichen Versuchen, die Offenbarung, die „Self-Manifestation" Gottes, zu begründen.

Die evangelikalen Theologen unterscheiden sehr deutlich zwischen einer *allgemeinen* und einer *speziellen Offenbarung*. Das Zeugnis alttestamentlicher Worte wird von Römer 1, 19-20 her interpretiert: Es gibt eine Uroffenbarung, zu der alle Menschen Zugang haben. Die Natur in ihrer Größe und überwältigenden Gesetzmäßigkeit ist unserer Sinneswahrnehmung zugänglich und läßt uns die Fußspuren Gottes, des Schöpfers, erkennen. Gott hat der Schöpfung „seinen Namenszug aufgeprägt und dadurch sein Werk durch ein Zeichen kenntlich gemacht".[27] Jeder Mensch kann sein Herz erforschen und das innere Gesetz entdecken, das dort geschrieben steht. Das muß nicht eine bestimmte Sittenlehre sein, die der Seele eingeprägt wäre, es ist vielmehr der Trieb, gut zu handeln, der Sinn für die Unterscheidung zwischen gut und

---

[26] Carl F. Henry, „Revelation and the Bible", Grand Rapids 1958, S. 7
[27] Edward Carnell, „The Case for Orthodox Theology", Philadelphia 1959, S. 119

böse. Allerdings ist die allgemeine Offenbarung unvollständig. Der Mensch erfährt, daß Gott existiert, er kann den Schluß auf seine Allmacht ziehen — aber viel mehr auch nicht. Er gelangt so nicht zur Gotteserkenntnis, die zur Erlösung führt. Ursache dafür, daß die allgemeine oder natürliche Offenbarung nicht mehr bewirken kann, ist die Sünde: die Auflehnung des Menschen gegen Gott. Die Sünde steht wie eine riesige Wolke zwischen Mensch und Gott und verdunkelt dem Menschen den Anblick seines Schöpfers und Herrn. Man könnte an der Unmöglichkeit, Gott zu erkennen, völlig verzweifeln. Aber selbst diese Verzweiflung kann nützlich sein, wenn sie die Erkenntnis bringt, daß man der Hilfe Gottes bedarf.

Hier sprechen die evangelikalen Theologen von der „speziellen Offenbarung", die an Klarheit, Eindringlichkeit und Genauigkeit über die allgemeine Offenbarung hinausgeht. Gott tritt aus der Verborgenheit hervor und teilt sich dem Menschen mit. Und wenn die Mittel, die er anwendet, um sich zu erkennen zu geben, auch verschieden sind: im Grunde ist *Offenbarung Gottes* immer „der tätige Vollzug seiner Selbstdarstellung". Dabei wird ein besonderer Wesenszug Gottes deutlich: seine Herablassung. Weil Gott so hoch über dem Menschenverstand steht, muß er sich und seine Botschaft dem Standort des Verständnisses des Menschen anpassen. „Wie ein Erwachsener sich, wörtlich und bildlich gesprochen, niederbeugt und dem Kinde leise etwas ins Ohr flüstert mit Worten, die das Kind versteht, so hat auch Gott die Erkenntnis seiner selbst in menschlicher, irdischer Gestalt vermittelt".[26]

Mit anderen Worten: Gott benutzt *Formen* und *Mittel*, die zum alltäglichen Erfahrungsbereich des Menschen gehören, und spricht sich selbst darin aus. *Träume* z. B. sind im Leben etwas ganz Normales. Übernatürlich ist nicht der Traum, sondern daß Gott durch Träume zum Menschen spricht. Wir haben es nicht mit dem Phänomen „Traum" zu tun, so als ob Träume an sich offenbarungskräftig wären, auch nicht mit dem Phänomen „Offenbarung" an sich, so als könnten Offenbarungen im Bewußtsein des Menschen unmittelbar stattfinden. Die Wirksamkeit der Anrede beruht vielmehr auf der Verbindung von menschlichen Formen und göttlichem Gehalt. Hier verweisen die evangelikalen Theologen auf die Parallele zwischen der Gottesoffenbarung und der Inkarnation, der völligen Menschwerdung Jesu, des Sohnes Gottes.

---

[26] Bernard Ramm, „Special Revelation and the Word of God", Grand Rapids 1961, Ch. 2

Gottes Offenbarung benutzt *menschliche Sprache*. Hebräisch und Griechisch waren keine übernatürlichen Ausdrucksmittel, die eigens für die Bibel geschaffen wurden. Es waren menschliche Sprachen, die vom Heiligen Geist für die spezielle Offenbarung benutzt wurden. Die Sprachen waren mit bestimmten, zum Teil sehr unterschiedlichen Kulturräumen verbunden, so daß sich die Offenbarung auch durch die Kultur hindurch ereignet. Gott machte sich in menschlicher Weise verständlich; die Offenbarung geschieht „anthropisch" (anthropic), so daß wir als Menschen den vollen Zugang zu dieser Offenbarung gewinnen können. Zugleich aber geschieht sie „analog": Weil Gott sich uns nicht zeigen kann, wie er wirklich ist, wählt er zu seiner Selbstoffenbarung aus unserer Erlebniswelt die Elemente oder Faktoren aus, die seiner Wirklichkeit ähnlich sind, ihr zwar nicht vollkommen entsprechen, *sie aber doch gültig darstellen*. Sie erfassen ihren Gegenstand vergleichsweise wie ein Porträt, nicht wie eine Photographie. Es besteht eine *gewisse Analogie zwischen Elementen menschlicher Erfahrung und der Wirklichkeit Gottes*, und diese Analogie benützt Gott nach seinem Plan. Da wir Gott nicht direkt begegnen, bzw. seine Gedanken nicht unmittelbar erkennen können, bedient sich Gott verschiedener Mittel und Mitteilungsweisen.

Gott ist ein Gott der *Geschichte*, der sich durch sein Handeln offenbart; er ist in der Zeit und in der menschlichen Existenz ständig am Werk, um seinen Plan zu verwirklichen. Die evangelikalen Theologen halten an den Aussagen des Alten und Neuen Testaments fest, weil sie die zuverlässigen Urkunden für das geschichtliche Handeln Gottes sind. Die großen Taten Gottes offenbaren sein Wesen, seine Macht, seine Treue, seine Heiligkeit und Gerechtigkeit; sie sind sozusagen „Gottes Gebärdensprache" (God's pantomimes).

Die Bibel enthält die häufig wiederholte Wendung: „Des Herrn Wort geschah zu mir und sprach..." Gottes Stimme kann in hörbaren Worten ausgehen, es gibt aber auch die stille, innere Wahrnehmung von Gottes Wort. *Der Prophet weiß, daß Gott gesprochen hat*, und er gibt nur weiter, was er empfangen hat. Als Form göttlicher Rede gibt es auch die „begleitende Inspiration" (concursive inspiration): Wenn ein Prophet oder ein Apostel sprach bzw. schrieb, leitete der Heilige Geist seine Tätigkeit in der Weise, daß das von ihm geschriebene oder gesprochene Wort unmittelbar Wort Gottes war. Dem Schreiber braucht dabei der besondere Einfluß des Heiligen Geistes nicht bewußt gewesen zu sein. Dennoch war das Ergebnis so ursprünglich Gottes Wort, als hätte er selbst hörbar gesprochen.

Die vollkommenste Weise der Offenbarung Gottes finden wir in der *Menschwerdung Jesu*. Gott stand nicht einfach unbeteiligt am Ufer des menschlichen Lebensstroms, er griff auch nicht nur gelegentlich mit Taten oder Worten ein — für einen überschaubaren, historisch datierbaren Zeitraum wurde die zweite Person der göttlichen Dreieinigkeit, Gott der Sohn, tatsächlich Mensch. Johannes bezeugt, daß er und andere die Gottheit wirklich gesehen, gehört und angerührt haben. *Jesus Christus war Gott*, der in der Welt lebte. Die Worte, die er sprach, die Liebe, die er lebte, die Werke, die er tat, *waren die Worte, die Liebe und die Taten Gottes*. Gott war zwar nicht *unmittelbar* oder „unverhüllt" gegenwärtig, weil die Gottheit mit dem Menschsein verbunden war; aber doch war er *wirklich* gegenwärtig.

In diesem Zusammenhang betonen die evangelikalen Theologen, daß die Offenbarung Gottes immer zwei Seiten umgreift: *Offenbarung ist normative, verbindliche Information über Gott*. Er offenbart sich selbst, indem er die Wahrheit über sich selbst mitteilt. Aber diese Wahrheit wird nur dort recht verstanden und erfahren, wo es zur *Begegnung mit Gott* kommt, die Menschen in ein verbindliches Verhältnis zu Gott führt. Hier knüpft die evangelikale Theologie bewußt an das reformatorische Denken an, daß in der Selbstoffenbarung Gottes die Motive für den Glauben entstehen.

Die Selbstoffenbarung Gottes im geschichtlichen Vollzug schließt notwendig das Problem der Tradition ein. Gott hat sich offenbart, er hat geredet, gehandelt, er hat in Jesus Gestalt angenommen, damit die Menschen ihn erkennen. Gehen diese Offenbarungswerte nicht verloren, sobald Gottes Handeln abgeschlossen ist? Wenn die Offenbarung nicht nur für die Menschen verbindlich sein soll, an denen sie geschah, sondern für alle Menschen aller kommenden Zeiten, dann muß sie getreu überliefert werden. Gibt es Möglichkeiten, die Offenbarung in ihrer ursprünglich von Gott gegebenen Gestalt zu bewahren? Die evangelikalen Theologen stehen auf dem Standpunkt, daß es zunächst eine *mündliche Tradition* gegeben hat: Wer die Offenbarung erlebt oder miterlebt hatte, gab sie mündlich an andere weiter, die sie ihrerseits wieder anderen berichteten und so fort. Der mündlichen Weitergabe trat die *schriftliche Überlieferung* an die Seite. Der Offenbarungszeuge gab alles, was ihm von dem Ereignis im Gedächtnis geblieben war, so genau wie möglich wieder, wobei er seine natürlichen Fähigkeiten, den Scharfsinn, die Beobachtungsgabe und das Erinnerungsvermögen einsetzte. Beide Überlieferungsarten aber schließen einen Mangel ein: sie bieten keinerlei Garantie für die Zuverlässigkeit der Wiedergabe. In der Frage der Offenbarung Gottes genügen nicht ein mündlicher Bericht oder eine fehlbare, menschliche Niederschrift. Der Bericht könnte ja genau an der entscheidenden Stelle irren!

In ihrer Argumentation knüpfen die evangelikalen Theologen an die Aussagen der konservativen Theologie an. Diese hatte, um die Autorität der Heiligen Schrift zu begründen, von deren „Inspiration" gesprochen. Mit diesem Begriff wollten sie erklären, „daß die Verfasser unter dem übernatürlichen Einfluß des Heiligen Geistes schrieben. Das machte die Bibel zu einem Dokument der Offenbarung; anders gesagt, was sie schrieben, war tatsächlich Gottes Wort. Auf diese Weise wurde der unschätzbare Wert und die Zuverlässigkeit der Offenbarung für spätere Generationen bewahrt".[29]

In der konservativen Theologie Amerikas waren verschiedene Theorien über den konkreten Vorgang der Inspiration im Umlauf. Neben der Intuitions-, Illuminations- und Dynamik-Theorie, die hier nicht im einzelnen dargestellt werden sollen, gab es die Theorien der Verbalinspiration und Diktatinspiration.

In der *Verbalinspirations-Theorie* reicht die Mitwirkung des Heiligen Geistes bis in die Einzelheiten der Wortwahl. Darum sind die Worte der biblischen Autoren unmittelbar Gottes Wort. Die *Diktat-Theorie* besagt, daß die Bibel das Ergebnis eines Diktats sei, bei dem Gott durch seinen Geist dem betreffenden Menschen unter Ausschaltung seiner eigenen geistigen Mitwirkung wörtlich gesagt habe, was er schreiben soll. Diese Vorstellung, daß der Mensch nur Instrument ist und in den nicht mehr vorhandenen biblischen Urschriften nur das mechanisch niedergelegt hat, was ihm wörtlich eingegeben wurde, hat weithin das Schriftverständnis der amerikanischen Fundamentalisten beherrscht.

Offensichtlich vertreten die meisten evangelikalen Theologen eine Inspirationslehre, die der Verbalinspirations-Theorie nahekommt. Und das im Sinne einer „Plenar-Inspiration", daß nämlich die *ganze* Bibel, nicht nur Teile daraus, durch Inspiration des Heiligen Geistes zustandegekommen sei. Die Frage, wie weit der Inspirationsvorgang auch in der Kanongeschichte seinen Niederschlag gefunden hat, wird nicht ausführlich beantwortet. Gewiß, Inspiration durch den Heiligen Geist ist im eigentlichen Verständ-

---

[29] M. Erickson, a. a. O., S. 57

nis *Inspiration des Verfassers* und kann nur im abgeleiteten Sinn von seinen Schriften ausgesagt werden, soweit er sie unter dem Einfluß des Heiligen Geistes geschaffen hat. Die Substanz der göttlichen Mitteilung war Idee und Gedanke. Aber die Gedanken mußten in Worte gefaßt werden und waren an bestimmte Worte gebunden. Also reichte die Anleitung des Geistes bis in die Terminologie des Schreibers hinein und kann füglich als verbale Inspiration gelten.

Diese Sicht geht von den Evangelien als historischen Urkunden aus und untersucht die Art und Weise, wie Jesus Christus das Schriftzeugnis des Alten Testamentes gewertet und gebraucht hat. Für ihn war das ganze Alte Testament inspirierte Heilige Schrift — Wort Gottes. Es gibt aber auch Hinweise an zahlreichen Stellen der neutestamentlichen Briefe und der Offenbarung des Johannes, die darüber hinausreichen: Das Schriftverständnis Jesu und der ersten christlichen Gemeinden (auch des Judentums!) im Blick auf das Alte Testament („Die Schrift sagt ...") hat sich *bereits in der apostolischen Generation* auch *auf die Schriften der neutestamentlichen Verfasser* als inspirierte Schriften ausgedehnt.

Aber ist das nicht doch wieder Diktat? Wenn Gott den Schreibenden derart kontrolliert, daß er jedes Wort genauso wählt, wie Gott es ihn schreiben lassen möchte, dann könnte man doch ebensogut sagen, Gott diktiere ihm. Die evangelikalen Theologen bestreiten das mit Nachdruck. Aufgrund ihrer Bibelstudien halten sie es für erwiesen, daß die normale oder vorherrschende Form der Inspiration nicht das Diktat war. Es mag sein, daß die Bibel stellenweise diktiert worden ist, aber das ist gewiß nicht die Regel. Die verschiedenen Schreiber weichen in Stil und Wortschatz voneinander ab. Also waren sie offenbar doch nicht nur passive Werkzeuge oder Schreibkräfte. Ihre Wesensart teilte sich ihren Arbeiten mit und hinterließ deutliche Spuren am vollendeten Werk. Eine Inspirationslehre muß solche menschlichen Charakteristika berücksichtigen.[30]

Gottes Einwirken auf einen Propheten oder Apostel beginnt nicht erst in dem Augenblick, in dem ein Mensch in Gottes Auftrag zu reden oder zu schreiben anfängt. Vielmehr ist Gott, dem alle Dinge untertan sind, schon vom Tage seiner Geburt an und noch eher am Werk, um ihn vorzubereiten und auszurüsten. Seine Geburt in eine bestimmte Familie hinein mit den besonderen Um-

---

[30] Vgl. Carl Henry, „The Protestant Dilemma", Grand Rapids 1949, S. 58

welt- und Kultureinflüssen, denen er dort ausgesetzt ist, geschieht nicht zufällig. Seine Ausbildung, seine Beschäftigung, seine Erlebnisse — alles ist durch Gottes Hand gelenkt. Daher ist seine Art zu denken und sich zu verhalten, sein Wortschatz, kurz, die ganze Persönlichkeit, die er darstellt, das Ergebnis göttlicher Vorsorge und Führung. Gott hat ihn zu der Person gemacht, die er ist. Er lebt in so naher Beziehung zu Gott, daß er sich auf das Werk, das Gott tut, sehr genau einstellen kann. Dann bewegt Gott seinen Geist durch den Heiligen Geist, indem er auf ganz unmißverständliche Weise sein Denken leitet oder Vorstellungen neu schafft. Dabei kann es sein, daß der biblische Autor, um einen bestimmten Gedanken auszudrücken, vielleicht typischerweise immer ein besonderes Wort gebraucht. Weil *Gott* den Verfasser dazu *veranlaßt*, ist dies, obwohl ganz dessen eigenes, menschliches Wort, gleichzeitig Gottes Wort.

An dieser Stelle tauchen Differenzen in den theologischen Ansichten der Evangelikalen auf. Die Mehrzahl besteht darauf, daß es für einen hinreichend präzisierten Gedanken möglicherweise nur einen einzigen genau entsprechenden Ausdruck geben könne; daß also Gedanke, Vorstellung und Wort nicht voneinander zu trennen seien. Andere dagegen vertreten die Ansicht, daß die Beziehung zwischen Ausdruck und Inhalt dynamisch oder flexibel sei, also derselbe Gedanke auf mehr als eine Weise ausgedrückt werden könne. Auf einer Konferenz über Fragen der Inspiration der Heiligen Schrift, die 1966 im Gordon College in Wenham/Mass. unter Leitung von Dr. Ockenga stattfand, wurde ein breites Spektrum theologischer Meinungen unter den evangelikalen Theologen sichtbar. Dabei ging es in der Diskussion um das Stichwort „Inerrancy" (Irrtumslosigkeit). Streng konservative Theologen vertraten die Ansicht, daß man an dem Begriff der „Irrtumslosigkeit" der Heiligen Schrift festhalten müsse;[31] halte man es für möglich, daß Gottes Wort Irrtümer und Fehler einschließe, so mache man Gott damit zum Lügner. Zu den profilierten Vertretern dieser Richtung gehören Clark H. Pinnock und John Warwick Montgomery (Trinity Divinity School, Deerfield/Ill.). Andere evangelikale Theologen hielten dem entgegen, daß die Bezeichnung „irrtumslos" über das hinausgehe, was die Schrift von sich selbst sagt. Sie behaupten nicht, daß die Heilige Schrift Irrtümer enthält, aber sie wollen diesen Begriff der „Irrtumslosigkeit" vermieden wissen. Versucht man nämlich, dieses Wort zu verteidigen,

---

[31] Clark H. Pinnock, „Biblical Revelation — The Foundation of Christian Theology", Chikago 1971

diesen Begriff zu definieren, so gerät man in eine endlose Diskussion.

Den Theologen, die sich uneingeschränkt zur Bibel als Gottes Wort bekennen, aber in der theologischen Terminologie größere Flexibilität anstreben, erscheint der Begriff der „Infallibility" (Unfehlbarkeit) geeigneter, um das auszudrücken, was mit Inspiration der Heiligen Schrift gemeint ist. Dieses Wort ist geschichtlich geprägt und bezieht sich mehr auf die biblische Lehre als Ganzes, nicht so sehr auf einzelne Aussagen. Dabei betont man, daß sich die Wahrheit nicht mit Definitionen begründen läßt — ein Irrtum des griechischen philosophischen Denkens —, sondern nur mit der Person dessen, der von sich gesagt hat: „Ich bin der Weg, die Wahrheit und das Leben, niemand kommt zum Vater denn durch mich!" (Joh. 14,6). Im Zusammenhang mit dieser Diskussion unter den Evangelikalen hat die Theologische Fakultät des Fuller Theological Seminary 1970 ihre Glaubensbasis und Lehrgrundlage überdacht, neu formuliert und den Begriff „Irrtumslosigkeit" ausgelassen.[32] Dabei wird auf die Feststellung von E. F. Harrison verwiesen: „Wir haben vielfach unsere *eigene* Vorstellung, *wie* Gott sein Wort inspiriert hat; viel wichtiger jedoch ist es, daß wir zu erkennen versuchen, wie Gott es *tatsächlich* getan hat. Um das herauszufinden, haben wir darauf zu achten, was die biblischen Autoren lehrten und wie sie selbst mit der Schrift umgingen."[33] Allein die Tatsache, daß man im Lager der Evangelikalen nicht aus Gründen der Tradition an bestimmten Formulierungen krampfhaft festhält, sondern jeweils in der veränderten Situation nach neuen Ausdrucksmöglichkeiten sucht, zeigt, daß diese Bewegung geistig flexibel ist.[34]

Unverkennbar ist der Versuch der konservativen Evangelikalen, die Inspiration durch rationalistische Beweisführung zu sichern. Grundsätzlich möchte man dabei aber auch die theologische Tradition von Johannes Calvin fortführen: Nur der Glaubende erkennt, daß die Bibel Gottes Wort ist.[35] Seine Überzeugung wurzelt im

---

[32] David Allan Hubbard, „Memo from the President", Sommer 1970, und „Fuller Theological Seminary: A Profile", 1970

[33] Everett F. Harrison, „The Phenomena of Scripture", Revelation and the Bible, hrsg. Carl F. Henry, Grand Rapids, 1958, S. 249

[34] Vgl. unter den Texten zur evangelikalen Theologie die alte und die neue Basis der Evangelischen Allianz in England

[35] Johannes Calvin, „Institutio", Deutsche Ausgabe Neukirchen 1936, I. 8, 13: „Töricht handelt aber, wer dem Ungläubigen beweisen will, die Schrift sei Gottes Wort. Denn es kann ohne Glauben nicht erkannt werden."

Zeugnis des Heiligen Geistes, der dem Menschen über die Göttlichkeit der Schrift Gewißheit gibt, ihm den Sinn aufschließt und ihn von ihrer Wahrheit überzeugt. Wenn ein Mensch die Bibel liest, vielleicht eine Stelle, die er vorher schon oft gelesen oder gehört hat, bewirkt der Heilige Geist eine „Illumination", eine Erleuchtung in ihm. Er versteht auf einmal den Sinn der Stelle und erkennt zugleich, daß sie wahr ist. Er erfährt die Zusicherung der Wahrheit, die Fülle der Gewißheit. Dieser Erweis von Gottes Wahrheit ist nicht auf das schriftliche Gotteswort beschränkt, sondern kann sich auch im Zusammenhang mit der mündlichen Verkündigung ereignen. Ein Vergleich zweier Aussagen im 1. Thessalonicher-Brief bestätigt das. Hier bezeugt Paulus: „Unsere *Verkündigung* der Heilsbotschaft ist bei euch nicht allein im Wort erfolgt, sondern auch in Kraft und *im heiligen Geist* ..." (1. Thess. 1,5). „Ihr habt nach Empfang des von uns *gepredigten* Gotteswortes es nicht als Menschenwort angenommen, sondern als das, was es ja in der Tat ist, als Gottes Wort ..." (1. Thess. 2,13).

Man darf sich die Bezeugung des Heiligen Geistes nicht als Mitteilung neuer Informationen oder neuer Wahrheit vorstellen. Es handelt sich vielmehr um eine Tat des Heiligen Geistes, die den Menschen fähig macht, die bereits gegenwärtige Wahrheit zu erkennen. Der Heilige Geist sagt dem Menschen nicht etwa: „Die Bibel ist Gottes Wort!" Das wäre Information. Sondern bewirkt eine Erleuchtung, die den Lesenden befähigt, das Wort zu erfassen und seine Wahrheit einzusehen. Insofern ist das Zeugnis des Heiligen Geistes auch Antrieb zum Glauben; es ist auf Jesus Christus und das Evangelium gerichtet. Ohne Mitwirkung des Heiligen Geistes vermag kein Beweismittel den Ungläubigen von der Wahrheit der Bibel zu überzeugen.

Bei ihren Überlegungen zur Begründung einer biblischen Inspirationslehre übersehen die evangelikalen Theologen durchaus nicht die Denkschwierigkeiten, die für den unvoreingenommenen Leser beim Studium der Bibel auftreten. Ein Beispiel dafür ist die sorgfältige Arbeit, mit der Harrison in „Criticism and the Resurrection" die Auferstehungsberichte analysiert.[36] Muß nicht die Inspiration der Bibel durch Gottes Geist notwendig einschließen, daß alles, was darin steht, wahr ist im Sinne der Irrtumslosigkeit und Unfehlbarkeit? Wie kann man dann aber voneinander abweichende Berichte über gleiche Ereignisse erklären, die die Genauigkeit der Bibel infrage stellen? So wird z. B. im Alten Testa-

---

[36] Everett F. Harrison „A short Life of Christ", Grand Rapids 1968, S. 239 ff

ment während des Krieges Davids mit dem König von Zoba (2. Sam. 8,4) die Gefangennahme von 1.700 Reitern berichtet; in der Schilderung 1. Chronik 18,4 hat sich diese Zahl auf 7.000 erhöht. Bei der Volkszählung durch David werden 2. Samuel 24,9 800.000 Wehrfähige in Israel und 500.000 in Juda registriert. In 1. Chronik 21,5 werden dagegen 1.110.000 Männer in Israel und 470.000 Männer in Juda gezählt. Diese beiden Beispiele ließen sich durch zahlreiche andere aus dem Alten Testament vermehren. Widersprechen nicht solche Stellen dem Gedanken der göttlichen Inspiration? Stehen sie nicht dem Anspruch auf Unfehlbarkeit entgegen?

Die evangelikalen Theologen stellen sich diesen Fragen, aber sie präzisieren sie: Was bedeutet es genau, wenn man sagt, die Bibel sei frei von Irrtümern und Fehlern, bzw. unter welchen Bedingungen müßte man von einem Fehler sprechen? Alle gehen in ihrer Antwort von der Feststellung aus, *die Bibel müsse innerhalb ihres Selbstverständnisses und gemäß ihren eigenen Intentionen interpretiert und beurteilt werden*, d. h. also auch nach dem Maß, das zur Zeit ihrer Entstehung für Begriffe und Vorstellungen von Genauigkeit gültig war, nicht aber nach den Maßstäben des 20. Jahrhunderts. Von dieser Voraussetzung her werden verschiedene Lösungsversuche angeboten. Kenneth Kantzer geht davon aus, daß Textkritik und sorgfältige grammatisch-historische Exegese notwendig sind, um den genauen Inhalt eines biblischen Textes festzustellen. Er betont, daß die biblischen Aussagen nicht immer präzise und exakt im Sinne moderner Naturwissenschaft oder sachlicher, historischer Berichterstattung seien. Aber in dem Sinne, wie der biblische Autor sie ursprünglich gemeint hat, sind sie „Wahrheit mit göttlicher Autorität".

E. F. Harrison [37] weist ebenfalls auf die *phänomenologische, nach heutigen Begriffen der Wissenschaft ungenaue Betrachtungsweise* der biblischen Autoren hin: Wenn sie über natürliche Dinge reden, beschreiben sie die Ereignisse einfach so, wie sie sich dem menschlichen Blick vom Standort des Beobachters aus darbieten. Also heißt es, daß die Sonne „aufgeht" und „untergeht", weil es dem Auge so erscheint. Das läßt keine Schlußfolgerungen auf ein vermutetes geozentrisches oder „dreistöckiges" Weltbild zu. In Bezug auf *Zeit- und Zahlenangaben* ist die Bibel in vielen Fällen *nicht sehr genau:* Jesus traf niemals jemanden um 15.20 Uhr oder 7.30 Uhr; es war z. B. „um die dritte Stunde" oder „um die

---

[37] E. F. Harrison, „Criteria of Biblical Inerrancy", Christianity Today, Vol. 2, Nr. 8, 1958, S. 16 ff

sechste Stunde", denn man teilte die Zeit in 3-Stunden-Blöcke. Genauere Angaben zu erwarten, hieße die Bibel in einer Weise interpretieren, die ihren kulturellen Gegebenheiten fremd ist, und würde ihr daher nicht gerecht. Wahrheit muß im Kontext ihres Gebrauches beurteilt werden. Ferner muß man sich bemühen, zu der *genauen Bedeutung eines Ausdrucks* vorzudringen. Wenn in der Bibel z. B. jemand als Sohn bezeichnet wird, so ist er doch nicht unbedingt ein männlicher Nachkomme der ersten Generation, sondern jemand, der bestimmte Qualifikationen, Privilegien oder Legitimationen besitzt. Auch das *Ziel*, das verfolgt, oder die *Zuhörerschaft*, die angesprochen wird, bestimmen häufig die Sprechweise, und die Bibel sollte unter diesem Gesichtspunkt betrachtet werden. Wenn Lukas „Hosianna" (vgl. Matth. 21,9) in Doxa (Lk. 19,38) abwandelt, so ist zu berücksichtigen, daß „Hosianna" ein semitisches Wort ist, das die nicht-jüdischen Leser, welche Lukas ansprechen wollte, nicht verstanden hätten. Viele der scheinbaren Unstimmigkeiten oder Fehler sind dadurch zu erklären, daß man von der Heiligen Schrift falsche Vorstellungen hat. Wenn man mit Forderungen an die Bibel herantritt, die über das Maß dessen hinausgehen, was sie ihrem Wesen und ihrem Zweck nach bieten kann oder soll, wird man den Eindruck haben, daß sie fehlerhaft sei. Nach Harrisons Meinung lassen sich viele Widersprüche bei näherer Untersuchung aufheben. Noch hat man nicht für alle Probleme eine Lösung gefunden. Es kann sein, daß durch neue Entdeckungen manche Schwierigkeiten überwunden werden. In einigen Fällen sind möglicherweise notwendige Informationen verlorengegangen, so daß die Lösung nicht mehr möglich sein wird.

Einen anderen, stark rationalistisch gefärbten Lösungsversuch für die Frage der Wahrheit der Heiligen Schrift bietet E. Carnell an (bis zu seinem Tod 1966 am Fuller Theological Seminary tätig). Er stellte fest, daß das bloße Vorhandensein einer Aussage in der Heiligen Schrift noch nicht die Wahrheit dieser Aussage garantiert. Die Inspiration verbürgt nur, daß der namentlich genannte Sprecher die zitierte Aussage wirklich gemacht hat. Beispielsweise sind die Reden der Freunde Hiobs nicht ohne weiteres wahr und unfehlbar, weil sie eben in der Bibel stehen; die Antworten dieser Freunde auf die Frage nach dem Leid werden von Gott selber korrigiert: „Ihr habt nicht recht von mir geredet wie mein Knecht Hiob" (Hiob 42,7). Ebensowenig ist die Behauptung: „Es ist kein Gott!" (Ps. 14,1) die Wahrheit. Wahr ist vielmehr: „Die Toren sprechen in ihrem Herzen: Es ist kein Gott!" Die

Inspiration garantiert — mindestens in einigen Fällen — nur dafür, daß der biblische Verfasser bei der Wiedergabe einer irrigen Aussage nicht selbst dem Irrtum verfallen war. In ähnlicher Weise analysiert Carnell die Predigt des Stephanus (Apg. 7) und die widersprüchlichen Berichte in 2. Sam. 8 und 24 und 1. Chron. 18 und 21. Vielleicht stützte sich einer der Autoren auf eine ungenaue Quelle. Die Inspiration leitete ihn möglicherweise nur dazu an, seine Quelle genau wiederzugeben, selbst auf die Gefahr hin, dabei Fehler einzuarbeiten. Inspiration durch den Heiligen Geist muß den Autor nicht unbedingt veranlassen, die Fehler, die er in der Quelle vorfindet, zu korrigieren.

Daniel Fuller betont, daß die Aufgabe der Bibel darin besteht, den Menschen zur Erkenntnis des Heils zu verhelfen. Er bemerkt, daß die Verse, aus denen der Unfehlbarkeitsanspruch der Bibel abgeleitet werden kann, sich auf diese Aufgabe beziehen. Darüber hinaus könne Unfehlbarkeit nicht postuliert werden. Um seine Wahrheit über ewige Dinge möglichst sinngetreu zu offenbaren, hat Gott sich in irdischen Dingen der Weise angepaßt, in der die ursprünglichen Leser die Welt um sich herum wahrnahmen und erlebten.

Unter den amerikanischen Theologen der neueren evangelikalen Bewegung gibt es also ein breites Spektrum der Inspirationslehre. Alle bekennen, daß die Bibel Gottes Wort ist, nicht nur, daß sie Gottes Wort enthält. Aber Gottes Wort ist eingebettet in die menschlichen und kulturellen Umstände, in denen die biblischen Autoren lebten. Das Interesse am geschichtlichen Werden der Bibel und dem Zusammenhang mit der Geschichte der biblischen Umwelt tritt unverkennbar hervor. Man kann die Überzeugung der amerikanischen Evangelikalen darin zusammenfassen, daß Gott selbst auf eine gültige Tradition der Offenbarungsereignisse und Offenbarungswerte bedacht war, indem er sie schriftlich festhalten ließ. Das geschah so, daß der Heilige Geist auf bestimmte Menschen einen Einfluß ausübte, der als Inspiration bezeichnet wird. Dieser Einfluß stellte sicher, daß die Niederschrift des Offenbarten genauso ausfiel, wie Gott sie haben wollte. Die Schriften sind — soweit sie richtig interpretiert werden — in ihren Aussagen frei von Irrtümern und Fehlern. Die Bibel ist wirklich Gottes Wort an die Menschen.[38] Die Bibel ist aber nicht Selbstzweck und Wert an sich, sondern hat die Bedeutung eines

---

[38] M. Erickson, a.a.O., S. 82: „These Scriptures are, when properly interpreted, completely free from error in their assertions. The book is actually God's Word to men."

Werkzeugs: Sie soll den Leser zu Gott, der sie gegeben hat, in ein bestimmtes Verhältnis bringen. Sie soll keinesfalls verehrt oder gar angebetet werden, man soll ihr keine magischen oder mechanischen Wirkungen zuschreiben. Damit die Bibel als Autorität wirksam werden kann, muß noch das Element der „Erleuchtung" hinzukommen. Die letztgültige Autorität ist der Heilige Geist, der in der Bibel zu Wort kommt. Wird die Bibel gelesen, so will der Heilige Geist bewirken, daß der Leser die Botschaft versteht und von ihrer Wahrheit überzeugt wird. In diesem Sinne können wir sagen: Das geschriebene Wort von außen und das Zeugnis des Heiligen Geistes von innen bilden zusammen die Stimme Gottes.

2. Die Lehre von der Erlösung

a) Die Frage nach Gott

Jede Lehre vom Heil, von der Erlösung des Menschen, muß zuerst die Frage nach Gott und Jesus Christus stellen. In den Schriften der amerikanischen evangelikalen Theologen finden sich Ansätze zu einer Gotteslehre, in der sie die wesentlichen Aussagen der Bibel systematisch darzustellen suchen. Als die bedeutsamsten Wesenszüge Gottes in der biblischen Offenbarung werden seine Liebe und seine Heiligkeit hervorgehoben. Das Verhältnis zwischen diesen beiden Eigenschaften ist für die Dogmatik immer ein Hauptproblem gewesen. Wie kann Gott zugleich liebend und heilig sein? Wenn er die Menschen wirklich liebt, warum vergibt er ihnen dann nicht einfach die Sünden? Wie kann ein liebender Gott jemanden der Hölle ausliefern, einem Ort unendlichen Leides? Andererseits: Wenn Gott wirklich gerecht und heilig ist, wie kann er es gutheißen, daß irgend jemand in den Himmel kommt, ohne daß er für seine Rettung etwas leisten muß? Wie kann es überhaupt so etwas wie Erlösung allein aus Gnade geben? Diese Eigenschaften scheinen so gegensätzlich, daß sie sich eigentlich gegenseitig ausschließen. Manche Theologen haben die eine Eigenschaft auf Kosten der anderen in den Mittelpunkt gestellt. Extreme Formen des Calvinismus neigen dazu, Gottes Heiligkeit und Gerechtigkeit derart zu betonen, daß die Wesenszüge der Liebe und des Erbarmens darüber völlig in den Hintergrund treten: Zu seiner eigenen Ehre rettet Gott, wen er will, und verdammt, wen er will, allein nach seinem göttlichen Ratschluß.

Bei den amerikanischen Liberalen — wie im Liberalismus überhaupt — herrschte dagegen die Tendenz, Gottes Liebe herauszustellen. Gelegentlich ging man dabei so weit, seine Nachsicht als eine Art Gutmütigkeit zu interpretieren: Gott übersieht die Übertretungen seines Willens; er fordert weder Vergeltung noch Wiedergutmachung für die Sünde. Zuweilen ist diese Einstellung in ihren extremen Formen von Calvinisten als „Großväterlichkeit Gottes" bezeichnet worden. Meistens mündet sie in die Allversöhnung; weil ein liebender Vater niemanden zu endlosen Qualen verdammen könne, müßten letztlich alle gerettet werden.

Die evangelikalen Theologen betonen nun, daß Gottes Wesen nicht zwiespältig ist. Jene zwei Eigenschaften sind einander keineswegs entgegengesetzt, sondern sind nur dann richtig und völlig zu verstehen, wenn sie aufeinander bezogen werden. „Man kann die Liebe nur dann voll verstehen oder ermessen, wenn man sie zur Heiligkeit Gottes in Beziehung setzt. Sie ist am besten als Gnade zu kennzeichnen, sie ist Rettung als freies Geschenk Gottes. Gnade hat aber erst Bedeutung im Licht der Heiligkeit Gottes, welche eine Sühneleistung verlangen muß. Gottes völlige Heiligkeit bedeutet, daß er den Menschen nicht einfach akzeptieren kann, wie er ist. Irgend eine Art Ausgleich muß geleistet werden für das Abirren von Gottes vollkommener Heiligkeit, das das Wesen der Sünde ist. Gottes Heiligkeit bedingt, daß er die Sünde nicht einfach unter den Tisch fallen lassen und dann vergessen kann. Aber die Liebe Gottes erscheint darin, daß er die Sühneleistung selbst vollbringt".[39] Der Gott der Heiligen Schrift ist der Retter, der Erlöser, der Befreier der Menschen. Wie groß seine Liebe ist, kann daran gemessen werden, wieviel er einzusetzen bereit war. Seine Heiligkeit wird richtig eingeschätzt, wenn man in Betracht zieht, welch großes Opfer notwendig war: der Tod seines eigenen Sohnes. Die Heiligkeit Gottes streitet nicht mit seiner Liebe, sie verhindert vielmehr, daß die Liebe als Sentimentalität mißverstanden wird.

Zu den Diskussionsthemen in der amerikanischen Theologie gehört auch das Verhältnis von Transzendenz und Immanenz Gottes. Transzendenz heißt, daß Gott in irgendeinem Sinn gesondert, oberhalb oder außerhalb von Welt und Menschen ist. Immanenz bedeutet, daß Gott auf irgendeine Weise innerhalb der Welt und der Natur anwesend und tätig ist. Carl Henry meint, daß „heutzutage die Frage nach Gott hauptsächlich um das Problem der

---

[39] M. Erickson, a.a.O., S. 92

göttlichen Transzendenz und Immanenz kreist"[40]; und er glaubt, daß alle wesentlichen Fragen der traditionellen Theologie letztlich mit diesem Problem zusammenhängen. Zum besseren Verständnis lassen wir hier einige Zwischenbemerkungen über Transzendenz und Immanenz Gottes in der Sicht der Liberalen und Evangelikalen folgen.

Die liberale Theologie unterstrich Gottes Immanenz. Man nahm an, daß Gott in der Natur präsent sei und seine Ziele von diesem Standort innerhalb der Natur und mittels des Naturgeschehens verfolge. Der Begriff „Entwicklung" (Evolution) bot sich als passender Ausdruck für Gottes indirektes Wirken geradezu an. Die Liberalen waren etwa an der Jungfrauengeburt überhaupt nicht interessiert. Sie betrachteten jede Geburt als ein Wunder, als eine Schöpfungstat Gottes. Gott war nicht nur im Außerordentlichen oder Ungewöhnlichen, sondern in jedem Ereignis gegenwärtig. Außerdem sah man Gott und Mensch als einander ähnlich an. Gottes ethischer Maßstab wurde weitgehend mit den höchsten Menschheitsidealen identifiziert. Schließlich glaubte man im Liberalismus, daß Gott durch die Natur und mit den Kräften menschlicher Vernunft zu erkennen sei.

Der amerikanische Fundamentalismus betonte dagegen einseitig die Transzendenz Gottes. Gott ist der Wundertäter, der in das Naturgeschehen eingreift. Die Wunder und insbesondere die Jungfrauengeburt sind wichtig, weil sie Gott als den Transzendenten erweisen. Gott und Mensch unterscheiden sich ethisch und geistlich radikal voneinander. Die Heiligkeit Gottes ist nicht einfach das Gute im Menschen in Großformat. Der Streit zwischen Fundamentalismus und Liberalismus führte meist auf eine grundlegende und unüberbrückbare Differenz in der Auffassung von Gott und seinem Verhältnis zur Schöpfung.

Die evangelikalen Theologen halten an der Transzendenz Gottes fest. Er ist nicht mit dem Lauf dieser Welt identisch und auch nicht an ihre Gesetze gebunden. Wunder haben in einem theistischen Universum ihren legitimen Ort. Auch wird Gott ethisch und geistig vom Menschen unterschieden. Gottes Heiligkeit überschreitet bei weitem das Gute im Menschen. Zugleich aber wird die Immanenz Gottes nicht außer Acht gelassen. Gott wirkt gewiß auch indirekt, durch natürliche Ereignisse. Das wird in der Schöpfung deutlich, die als progressiver Vorgang verstanden wird; es ergibt sich auch aus dem Gedanken der allgemeinen Vorsehung Gottes. „Wenn ein

---

[40] Zitiert M. Erickson, a.a.O., S. 93

Evangelikaler einmal Zahnschmerzen hat, betet er normalerweise nicht um ein Heilungswunder, sondern er geht zum Zahnarzt. Der Fundamentalist macht es selbstverständlich ebenso. Aber erst der Evangelikale hat die theoretische Begründung seines Verhaltens gedanklich ausgearbeitet: Er ist davon überzeugt, daß die Hilfe durch die medizinische Wissenschaft ebenso von Gott gewirkt ist, wie eine Wunderheilung es wäre".[41]

b) Der Mensch und die Sünde

Schnittpunkt von Transzendenz und Immanenz Gottes ist sein Handeln als Schöpfer, dargestellt am Menschen als Schöpfungswerk Gottes. Der biblische Bericht zeigt, wie Gott den Menschen durch eine eindeutige, bestimmte, zielgerichtete Handlung erschafft (übrigens nicht nur im klassischen Schöpfungsbericht der Genesis, sondern auch in den poetischen und prophetischen Büchern). Was schließt diese Schöpfung in sich? Hat Gott sowohl den materiellen wie auch den immateriellen Teil des Menschen, also Leib und Seele, unmittelbar erschaffen? Aus der biblischen Erzählung geht hervor, daß ein bereits vorhandener Stoff benutzt wurde: „... da machte Gott den Menschen aus Staub vom Acker und blies ihm den Odem des Lebens in seine Nase, und so wurde der Mensch ein lebendiges Wesen" (1.Mose 2,7). Oder machte Gott den Menschen aus einem bereits existierenden Lebewesen? Könnte sich Gott irgendeinen lebenden höheren Primaten vorgenommen und zu ihm etwa gesagt haben: „Du bist es!", dann diesem Wesen eine Seele hinzugefügt, es qualitativ verändert und so zum Menschen gemacht haben? Zum größten Teil nehmen die evangelikalen Theologen den Standpunkt ein, daß Gott nicht nur die Seele des Menschen, sondern auch seinen Leib eigens erschaffen habe. Sie bemühen sich, es mit der Bibel möglichst genau zu nehmen und finden, daß die Beschreibung des menschlichen Ursprungs eindeutig auf direkte Schöpfung hinweist. Dabei halten sie daran fest, daß die menschliche Natur außer ihrer stofflichen auch eine immaterielle Komponente, einen geistlichen Aspekt hat und daß eigentlich dieser mit dem Terminus „Seele" gemeint ist. Die Seele ist jener Aspekt im Dasein des Menschen, der ihn mit einem übernatürlichen Wertsystem der Vernunft und der Ethik verknüpft. Sie ist das „Organ", das ihn fähig macht, zu einem personalen Gott in Beziehung zu treten; sie ist das, was ihn grundlegend von anderen Lebe-

---

[41] a.a.O., S. 94

wesen unterscheidet. Man kann das aufgrund von 1. Mose 1, 26 —27 auch so ausdrücken: Von allen Kreaturen ist einzig der Mensch zum Bilde Gottes geschaffen. Ein besonders wichtiges Element der Gottebenbildlichkeit ist das Gewissen, eine vorwiegend formal bestimmte Größe, die den Menschen dazu anhält, das Rechte zu tun und das Gute zu lieben. Ursprünglich umschloß es wahrscheinlich auch einen positiven Inhalt, nämlich Kenntnis darüber, was eigentlich das Gute ist.

Diese Gottebenbildlichkeit ist im Menschen nicht mehr vollkommen und unversehrt erhalten. Durch den Einbruch der Sünde in das Menschengeschlecht ist sie verändert und entstellt, aber nicht ausgelöscht. Hierin liegt der Grund, warum die menschliche Vernunft Gottes Offenbarung nicht zu empfangen und richtig einzuschätzen vermag. Der Mensch ist zwar nicht ganz und gar böse, aber auch nicht wirklich gut. „Der geistliche Habitus des Menschen ist im Innersten beschädigt, so daß er nicht genau versteht, was das Gute ist, und auch nicht das Verlangen hat, das Gute zu tun".[42]

Jede Einschätzung des Menschen, so wie man ihn heutzutage vorfindet, muß den Faktor der Sünde in die menschliche Existenz einbeziehen. Im Grunde ist die Sünde das Streben des Menschen, autonom zu sein, anstatt sein Leben, seinen Willen, sein Ich Gott auszuliefern. Sünde ist ihrem Wesen nach der Vorrang des Selbst gegenüber Gott, und in diesem Sinn kann man Sünde als Selbstsucht definieren; sie besteht nicht nur aus individuellen Handlungen; sie ist eine der Natur innewohnende Verderbnis und bildet die Quelle oder die Voraussetzung des Handelns. Sünde ist nicht notwendig identisch mit bewußtem Fehlverhalten. „Der Mensch wird nicht zum Sünder, indem er sündigt, sondern er sündigt, weil er ein Sünder ist".[43] Die Wirkung der Sünde durchdringt die gesamte Natur des Menschen, und mit den verbliebenen sittlichen und geistigen Kräften ist dieser Schaden nicht zu heilen. Bis an den Anfang der Menschheit läßt sich die Verderbnis oder Erbsünde zurückverfolgen. Das erste Menschenpaar wurde auf die Probe gestellt. Es wählte die Sünde, indem es seinem eigenen Willen mehr vertraute als Gott. Infolgedessen beginnen nun alle Menschen ihr Leben mit verdorbenem Wesen, das stärker zum Bösen als zum Guten hinneigt.

Über die Frage, wie die uranfängliche Versündigung der Menschheit die Nachkommen von Adam und Eva mit betreffen

---

[42] a.a.O., S. 102
[43] a.a.O., S. 104

konnte, sind die Meinungen geteilt. Weitgehend halten sich die evangelikalen Theologen an die Repräsentations- oder Stellvertretungstheorie („federal headship theory"), die aussagt, daß Adam als Stellvertreter der Menschheit handelt. Weil er sündigte, kamen Sünde und Tod über das ganze Menschengeschlecht, und die Menschen beginnen seitdem ihr Dasein bereits außerhalb der Gemeinschaft mit Gott."

Ist es aber gerecht, daß ein Mensch an Adams Sünde mitschuldig sein und darum bestraft werden soll, wenn er gar nichts damit zu tun hatte? Weder war es seine Sünde, noch hat er sich Adam als seinen Stellvertreter ausgesucht. Man versucht eine Antwort mit dem Hinweis darauf, daß jeder einzelne die Sünde Adams von sich aus nachvollzogen habe. Aber das genügt sicher nicht, denn der Mensch trifft seine Wahl aus einer Lage heraus, in der er schon für die Sünde anfällig ist, und diese Anfälligkeit kommt von Adams Sünde her. Eine befriedigende Antwort auf diese Frage wurde bisher im Lager der Evangelikalen noch nicht gegeben.

Man könnte die evangelikale Interpretation biblischer Anthropologie dahingehend zusammenfassen: Der Mensch ist eine erstaunliche Verbindung von Gegensätzen. Er ist zum Bilde Gottes geschaffen, zur Gemeinschaft mit Gott bestimmt. Reste der Ebenbildlichkeit sind erhalten und schimmern noch durch. Aber die Sünde kam in die Menschheit durch die Versündigung des ersten Menschenpaares Adam und Eva. Seitdem beginnen alle Menschen ihr Leben bereits außerhalb der wahren Gemeinschaft mit Gott, und folglich sündigen sie ebenfalls. Außerstande, sich zu ändern und Gott zu gefallen, stehen sie alle ungerechtfertigt vor ihm.

c) Die Versöhnung in Jesus Christus

Die Feststellung eines schicksalsmäßigen Zusammenhangs aller Menschen mit dem „ersten Adam" führt zu der Frage nach dem „zweiten Adam" — Jesus Christus (vgl. Röm. 5, 12-19; 1. Kor. 15, 21-22). Die Christologie ist für die Evangelikalen der Prüfstein aller Theologie. Bernard Ramm stellt fest: „Der entscheidende Test auf Reinheit des theologischen Metalls ist die Frage: Findet sich darin die Hingabe an seine wunderbare Person (gemeint ist Jesus Christus), volle Übereinstimmung mit den apostolischen Lehren, die durch seinen Namen zusammengefaßt sind, geistliches und von Herzen kommendes Verlangen, 'seinen Fußspuren nach-

---

[44] E. J. Carnell, a.a.O., S. 72

zufolgen' (1. Petr. 2,21), und 'Beständigkeit in der Lehre Christi' (2. Joh. 9)?"[45]

Die orthodoxe Auffassung von der Person Jesu erhielt ihre gültige Gestalt durch das Konzil von Chalcedon im Jahre 451. Darin wurden folgende wesentliche Grundsätze festgehalten: Jesus Christus ist wahrhaftig Gott, und zwar im Vollsinn des Wortes, ebenso wie der Vater. Er war aber auch ganz und gar Mensch, genau wie wir es sind. Menschheit und Gottheit waren in seiner Person wirklich vereint, haben also nicht eine Art gespaltener Persönlichkeit gebildet. Dabei sind die Wesensmerkmale der Gottheit und der Menschheit erhalten geblieben, ohne sich jedoch zu einem Zwischenwesen zu vermischen. — Diese Formulierungen sind im Laufe der Kirchengeschichte unterschiedlich beurteilt und interpretiert worden. Besonders der amerikanische Liberalismus des ausgehenden 19. und beginnenden 20. Jahrhunderts war geneigt, die vollkommene Gottheit zu relativieren. Der Fundamentalismus hielt dagegen unerschütterlich an der vollen Gottheit Jesu fest. Ein Artikel über die Gottheit Christi wurde unter die „fundamentals" aufgenommen und war in anderen Punkten der Liste, etwa der Jungfrauengeburt, den Wundern und der leiblichen Auferstehung, implizit enthalten. Dabei zeigte sich aber die Tendenz, die in gleichem Maße wichtige Tatsache der *vollen Menschheit Jesu* außer Acht zu lassen. Das ist nicht überraschend. Der Fundamentalismus war eine apologetische Bewegung; und etwas, das niemand angreift, braucht man auch nicht zu verteidigen. Für die wahre Menschheit Jesu wurde nicht geeifert, da kaum ein liberaler Theologe seine Menschlichkeit leugnete. Dennoch wirkte es sich nachteilig aus, daß eine positive Ausarbeitung dieses Gesichtspunktes unterblieb. Sicher war es keine bewußte Abkehr von der orthodoxen Theologie, aber der apologetische Charakter des amerikanischen Fundamentalismus bewirkte eine Verlagerung der theologischen Akzentsetzungen.

Die evangelikalen Theologen beharren ihrerseits auf beiden Dimensionen der biblischen Lehre. Es gilt, an der wahrhaften Inkarnation festzuhalten; die zweite Person der Dreieinigkeit wurde ganz Mensch und hörte doch nicht auf, ganz Gott zu sein. Das Problem, um das es geht, ist die Trennung des Menschen von Gott durch den tiefen Abgrund der Sünde. Um die Gemeinschaft zwischen Mensch und Gott wieder herzustellen, mußte jemand die

---

[45] Bernard Ramm, „Jesus Christ, Hallmark of Orthodoxy" in Christianity Today, Vol. 3, 1959, Nr. 22, S. 9 f

Kluft überbrücken. Jemand, der zugleich Gott und Mensch war, mußte die beiden Seiten miteinander verbinden. Wenn Christus nicht ganz Gott war, reichte auch die Brücke am göttlichen Ende nicht ganz. Wenn er nicht wirklich Mensch war, erreicht die Brücke die menschliche Seite nicht. „Die vollkommene Inkarnation ist nicht einfach ein theoretisches Problem der Theologie, sondern sie ist eine praktische Notwendigkeit, von der das Heil der Menschen abhängt".[46]

Die *Inkarnation* vollzog sich durch die *Jungfrauengeburt*. Im Laufe der fundamentalistisch-modernistischen Kontroverse lieferte die Jungfrauengeburt einen Streitpunkt ersten Ranges; vielfach wurde sie tatsächlich zum Prüfstein, an dem man die Rechtmäßigkeit des Glaubens maß. Carl Henry sieht eines der Probleme, die durch diese Diskussion zu Tage traten, in der damit verbundenen Preisgabe des biblischen Zeugnisses. Zwar gibt es für die Jungfrauengeburt nicht viele Belegstellen, aber es gibt sie immerhin, und sie zu leugnen, hieße die Autorität der Bibel prinzipiell untergraben. Henry stimmt in vielen Punkten in der Erörterung der Jungfrauengeburt mit Karl Barth überein, vor allem darin, daß er für diese Lehre eine theologische Notwendigkeit geltend machte. Inkarnation und Jungfrauengeburt sind nicht identisch, aber sie hängen eng miteinander zusammen.[47]

Christus kam, um für *die Sünden der Menschen zu sühnen*. Seine Absicht und seine Aufgabe war, den Menschen das Heil zu bringen und sie so wiederherzustellen, daß Gott von neuem mit ihnen Gemeinschaft haben könnte. Er führte ein vollkommenes Leben und stellte beispielhaft dar, wie der Mensch eigentlich sein sollte. Jesus Christus gehorchte dem Willen Gottes völlig, obgleich er hätte sündigen können, da seine Versuchung echt war. Darüber hinaus brachte er Gott sein Leben am Kreuz als lebendiges Opfer dar und übertraf damit bei weitem das, was das Gesetz von ihm forderte. Die Sünde wird also nicht übersehen. Jesus trat an die Stelle der Menschheit und vollbrachte, was sie zu tun schuldig blieb, nämlich ein vollkommen heiliges Leben zu führen. Außerdem trug er die Folgen der Sünde: den Tod und die zum mindesten zeitweilige Trennung von der Gegenwart Gottes. Aufgrund seines aktiven und passiven Gehorsams ist es Gott nun möglich, den Menschen zu vergeben.[48]

---

[46] M. Erickson, a.a.O., S. 108
[47] Carl Henry, „Our Lord's Virgin Birth" in Christianity Today, Vol. 4, 1959, Nr. 5, S. 9 f
[48] E. Carnell, a.a.O., S. 68

d) Bekehrung, Rechtfertigung und Heiligung

Gott bietet seine Vergebung den Menschen an, aber er zwingt sie ihnen nicht auf. Nur der empfängt Vergebung, der in freiwilliger Umkehr Gottes Angebot bewußt akzeptiert. Die Buße des Menschen zeigt sich in der Umkehr oder „Bekehrung": Er erkennt seinen Status als Sünder und seine sündige Natur an. *Buße* schließt echte Reue über die Sünde ein und den Entschluß, von der Sünde zu lassen. Das bedeutet nicht, daß man die Sünde deswegen bedauert, weil sich unerfreuliche Folgen ergeben haben; Reue heißt, daß man seine Taten und Worte bedauert, weil man sie als eine Beleidigung Gottes erkennt. In der *Bekehrung* tritt zu der *Buße* als andere Komponente der *Glaube:* Man vertraut sich der Person Christi zur Erlösung an. Das Vertrauen stützt sich auf die biblische Information, auf das apostolische Zeugnis. In der Bekehrung, die durch Buße und Glaube gekennzeichnet ist, geschieht die *Rechtfertigung:* Gott erklärt, daß der Sünder in seinen — Gottes — Augen gerecht ist. Der Glaubende ist geistlich mit Jesus Christus vereinigt, da seine Sünde und Schuld auf Christus übertragen und die Gerechtigkeit Christi ihm angerechnet wird. Das bedeutet eine *Veränderung* des Status oder *des Verhältnisses* des bekehrten Menschen zu Gott. Es ist nicht an eine „Einflößung" der Gerechtigkeit gedacht in einer Weise, daß der Mensch nun von einem Augenblick an vollkommen gut wäre. Bekehrung und Rechtfertigung darf man sich nicht als zeitlich aufeinanderfolgende Vorgänge vorstellen; sie ereignen sich gleichzeitig. Darauf deutet ein anderer Aspekt der Erlösung: die Wiedergeburt.

Der Evangelist Dr. Billy Graham hat mit großem Nachdruck dieses „Ihr müßt von neuem geboren werden!" verkündigt, indem er die Worte Jesu an Nikodemus aufnahm und weitergab. Gott spricht dem Sünder die Gerechtigkeit nicht nur zu, er bewirkt auch eine *Wesensveränderung des Menschen,* der sich ihm erschließt und anvertraut. Die Bibel spricht in diesem Zusammenhang von einer „neuen Schöpfung" (2. Kor. 5,17) aufgrund eines Schöpfungsaktes Gottes, mit dem er in unser menschliches Leben eingreift. Allerdings wird das Individuum nicht in der Weise umgeformt, daß es von diesem Augenblick an gut und heilig ist, sondern es wird neu gegründet und neu ausgerichtet. Wiedergeburt besagt, daß Gott dem Menschen dazu verhilft, auf einer neuen Stufe zu leben, in einer Dimension, die er vorher nicht kannte. Er vernimmt den Anruf Gottes an sein Leben jetzt viel deutlicher; anstatt der Neigung zur Sünde oder zum Bösen wird in ihm der

Wunsch wach, den Werten und Zielen, die Gott ihm vorstellt, mit seinem Leben gerecht zu werden. Dieser Wechsel kommt nicht dadurch zustande, daß der Mensch sich bessert, daß er seine Willenskraft zusammennimmt und sich ändert. Hier handelt es sich um das übernatürliche Werk des Heiligen Geistes.

Der neue Impuls ist nur der Anfang einer tiefgreifenden Veränderung. *Christliches Leben existiert nicht in der Perfektion. Es ist eine ständige Entwicklung, ein Fortschreiten bzw. ein Wachstum, und diese Entwicklung bezeichnet man als Heiligung.*[49] Auch hier handelt es sich nicht darum, daß der Christ sich selbst neu macht. Nachdem Gott ihn gerecht gesprochen hat, bewirkt er, daß der Glaubende ihm auch wirklich ähnlicher wird. Das Ebenbild Jesu Christi wird seinem Wesen eingeprägt. In diesem Lebensprozeß, wachstümlicher, geistlicher Umgestaltung ist der Christ nicht ohne Hilfen: der bewußte disziplinierte Umgang mit der Bibel, das Gespräch mit Gott, die Pflege christlicher Gemeinschaft — auch in den Ausdrucksformen der Sakramente — und die Einübung in Liebe und Selbstverleugnung lassen ihn im Glauben wachsen. Das christliche Leben bleibt ein Kampf. Der Gläubige ist in Gottes Augen vollkommen gerechtfertigt. Aber er vollzieht seine Existenz als Glaubender in seiner natürlichen Leiblichkeit, die der Gabe des Heiligen Geistes nicht angemessen ist. Beides ist in ihm: Er hat sowohl die „alte Natur", die Neigung zur Sünde, wie auch das „neue Wesen", das Verlangen, heilig zu leben. Um in diesem Kampf zu gewinnen, bleibt der Christ immer auf Gottes Gnade angewiesen.

e) Die Hoffnung auf das Gottesreich

Der Kampf des Glaubens wird von Christen unter bestimmten *Zielvorstellungen* geführt. Die Erlösung, die Erneuerung des Menschen durch Gottes Geist, vermittelt eine „lebendige Hoffnung" (1. Petr. 1,3). Das Wort Gottes öffnet dem Glaubenden den Blick in die Zukunft: Der Gläubige geht auf dem Weg der Nachfolge einem Ziel entgegen — der Vollendung der Gemeinde und der Erneuerung der Welt, in die der einzelne Christ mit seiner Person einbezogen ist. In der evangelikalen Interpretation biblischer Aussagen sind „individuale Eschatologie" und „kosmische Eschatologie" nicht scharf gegeneinander abgegrenzt. In der *individualen Eschatologie* werden neutestamentliche Aussagen hervorgehoben,

---

[49] E. Carnell, a.a.O., S. 73

die das zukünftige Schicksal des Menschen beschreiben, wenn er die Grenze des Todes überschritten haben wird. Die *kosmische Eschatologie* beschäftigt sich dagegen mit den biblischen Aussagen, die die Zukunft der gesamten Menschheit und mit ihr der ganzen Schöpfung betreffen. In dem weiten Spektrum von Einzelauslegungen lassen sich einige gemeinsame Grundlinien aufweisen: Man ist in Übereinstimmung mit der konservativen Tradition davon überzeugt, daß ein Teil oder Aspekt des Menschen den Tod überlebt. Die Seele als immaterielle Komponente menschlichen Lebens — sei es die des Gläubigen oder die des Ungläubigen — lebt auch nach ihrer beim Tod erfolgten Trennung vom Leibe weiter. Dieser Zustand ist jedoch nur ein Übergang. In Verbindung mit der Wiederkunft Jesu wird eine *Auferstehung* der Leiber sowohl der Gerechten wie der Ungerechten stattfinden — allerdings nicht notwendigerweise von beiden Gruppen gleichzeitig; dann wird die Seele mit einem *verwandelten Leib* wieder vereint. Welcher Art dieser Auferstehungsleib genau sein wird, ist aus der Bibel schwer zu bestimmen. Wenn er auch mit dem Leib, den man in diesem Leben besessen hat, in vielem übereinstimmen wird, so kann es sich doch nicht einfach um eine Erstattung derselben Moleküle handeln. Die Auferstehung bedeutet nicht eine Wiederbelebung desselben physischen Materials. Der Leib ersteht neu, gleichsam verklärt. Anschließend an die Auferstehung wird ein großes Gericht stattfinden, bei dem zwischen Gerechten und Ungerechten aufgrund der Beziehung zu Christus geschieden wird (Matth. 25, 31 ff; Offenb. 20, 11 ff). Die Christen werden die Ewigkeit in der Gemeinschaft mit Gott zubringen. Ungläubige werden ewiger Strafe verfallen. Das Urteil wird endgültig sein. Eine Gelegenheit, irdische Entscheidungen zu revidieren, gibt es nicht.

Im generellen Umriß besteht zwischen dieser Anschauung der Evangelikalen und der Überzeugung der Fundamentalisten kein Unterschied. In Einzelheiten unterscheiden sie sich beträchtlich. Der Fundamentalismus neigt dazu, Himmel und Hölle sehr gegenständlich aufzufassen: Die Hölle sei tatsächlich eine leibhaftige Flamme; der Himmel ein Ort mit konkreter topographischer Ausdehnung und goldgepflasterten Straßen. Für die Theologen der neuen evangelikalen Bewegung ist die Eschatologie weniger buchstäblich als geistlich zu verstehen: die Leiden der Hölle, verursacht durch die Trennung von der Gegenwart Gottes, bestehen eher in seelischer Qual als im körperlichen Schmerz. Die Glorien des Himmels sollen durch kostbare Metalle und Gestein nur symbolisiert werden. Der Himmel ist auch keine räumliche Größe, kein

Ort im geographischen Sinn. Er ist eine total andere Dimension, und den Zugang eröffnet normalerweise nur der Tod.

Bei der Diskussion der zukünftigen Dinge, die die ganze Menschheit und mit ihr die ganze Schöpfung betreffen, liegt der Angelpunkt in dem *Begriff des Gottesreiches*. Was ist mit diesem Ausdruck gemeint? Ist das, was in den Lehren Jesu eine so bedeutende Stellung einnimmt, ein zukünftiges Ereignis oder eine gegenwärtige Realität?

Die Liberalen des 19. Jahrhunderts betrachteten das Gottesreich zumeist als eine gegenwärtige Realität, als Herrschaft Gottes innerhalb der Menschheitsgeschichte. Zu Beginn des 20. Jahrhunderts gab man eine Zeitschrift unter dem Namen „The Christian Century" heraus in der Meinung, daß in diesem Jahrhundert das Reich Gottes volle Realität gewinnen würde. Theologen wie Ritschl und Harnack vertraten eine „verwirklichte Eschatologie": Das Christentum ist eine geistliche Religion mit ethischer Zielsetzung — das Gesetz Gottes im menschlichen Herzen — und breitet sich immer weiter aus. Der Fundamentalismus verstand unter dem Reich fast ausschließlich eine irdische 1000jährige Herrschaft, eröffnet durch die leibliche Wiederkunft Christi. Diese beiden verschiedenen Vorstellungen haben ganz bestimmte praktische Konsequenzen. Wer glaubt, daß Gottes Reich jetzt gegenwärtig ist als Gesetz Christi, das von den Herzen der Menschen Besitz ergreift, wird optimistisch sein im Blick auf die Möglichkeit, die Welt zu verbessern. Wer das Gottesreich als total zukünftig ansieht, wird eher pessimistisch sein und meinen, daß in der Erweckungspredigt die einzige reale Hoffnung liegt. Daher ist die Frage, ob das Gottesreich schon in unserer Mitte und durch menschliches Bemühen einzubringen ist oder ob es total zukünftig ist und erst auf die Wiederkunft Christi folgt, keineswegs unerheblich. Es geht dabei um die Frage nach der irdischen Realität der Erlösung, um die Frage nach der Verleiblichung des Glaubens.

George Ladd [50] stellt fest, daß viele Lehren Jesu das Gottesreich als eine Saat bezeichnen, die in die Menschenherzen gesät wird (Matth. 13,19 ff), als eine Perle, die der Mensch jetzt erlangen kann (Matth. 13, 45 f). Ebenso sprach Jesus auch von einem zukünftigen Gottesreich, besonders verbunden mit „dem Tag des Herrn" (Matth. 24, 36 ff; Luk. 17, 24; 21,34). Jeder Versuch, eine der beiden Seiten zu eliminieren, indem man sie auf die

---

[50] George Ladd, „Crucial Questions About the Kingdom of God", Grand Rapids 1952, S. 77 ff

andere zurückführt, muß fehlschlagen. Wie aber kann das Reich Gottes beides sein? Ladd findet die Lösung dieses Problems im Verständnis des Schlüsselbegriffs „Reich". Er sieht als Grundbedeutung des Wortes nicht das Reichsgebiet oder die Gruppe von Menschen, über die Christus Macht hat, sondern die Herrschaft, Macht oder Autorität selbst. Ein Reichsgebiet oder eine Domäne kann nicht gleichzeitig gegenwärtig und zukünftig sein; bei einer Herrschaft hingegen kann dies der Fall sein, und das entspricht dem neutestamentlichen Sachverhalt. Wenn ein Mensch sich im Glauben an Jesus Christus ausliefert, wird Christus sein Herr. Weil der Mensch sich aber nicht sofort und vollkommen heiligen läßt, kann die Herrschaft Christi sich in diesem Leben nicht vollständig auswirken (Phil. 3,12 ff). Außerdem wird Christus nur von einem Bruchteil der Menschheit als Herr angenommen und bekannt (Matth. 7,13 f; Luk. 12,32). Christus aber wird persönlich wiederkommen und dann seine 1000jährige Herrschaft auf Erden antreten (Offb. 20, 1 ff). Dann soll sich jedes Knie beugen und alle Zungen sollen ihn als Herrn bekennen, wie es Phil. 2, 10-11 beschrieben wird.

Die Bibel spricht von einer Periode großer Trübsale und Bedrängnis, die am Ende der Zeiten kommen wird (Matth. 24, 21-28). Die evangelikalen Theologen sind weitgehend der Überzeugung, daß die Kirche die Zeit der Trübsale miterleben wird und sie durchstehen muß. Am Ende der 1000 Jahre wird das letzte Gericht stattfinden. Die Mächte des Bösen werden unterworfen, und mit der Neuschöpfung von Himmel und Erde wird Gottes Heilsplan ganz und gar verwirklicht werden. Damit ist die Erlösung, die ihre Grundlegung im Kreuzestod Jesu und ihre Verwirklichung im Leben der Gläubigen gefunden hat, ihrer Vollendung zugeführt.

Zahlreiche evangelikale Theologen Amerikas vertreten die Ansicht, daß innerhalb des endzeitlichen Geschehens auch dem Volk Israel eine neue heilsgeschichtliche Bedeutung zukommen wird. Seit der Staatsgründung Israels im Jahr 1948, dem Sechs-Tage-Krieg 1967 und der ständig schwelenden Nahost-Krise richten sie ihre besondere Aufmerksamkeit auf die *biblischen Aussagen* des Alten und Neuen Testamentes über die *Zukunft Israels*. Unter der Leitung führender evangelikaler Theologen aus den USA fand vom 15.-18. Juni 1971 in Jerusalem eine „Konferenz über biblische Prophetie" statt. Etwa 1500 Personen nahmen daran teil, darunter mehrere hundert amerikanische Pastoren. Als Gast war der frühere Premierminister Ben Gurion anwesend, unter den Rednern auch ein Professor der Hebräischen Universität Jerusalems. Aus den Reihen der evangelikalen Theologen traten Prof. Dr. Carl F. Henry und Prof. Dr. John Warwick Montgomery hervor, ebenso Dr. Myron F. Boyd, Mitglied des Bischofsrates der Freien Methodistenkirche in Nord-Amerika, und Dr. Arnold T. Olsen, Präsident der Evangelical Free Church of Amerika. Dr. Roy A. Thompson schreibt, das Ergebnis der Konferenz sei „ein neu erwachendes Interesse an biblischer Prophetie".[51]

3. Der apologetische Trend

a) Wissenschaft und Glaube

Breiten Raum nehmen bei den evangelikalen Theologen erkenntnistheoretische Überlegungen zum Verhältnis von Vernunft und Glaube ein. Den Weg der „Theologia naturalis" lehnen sie ab, wonach man die Existenz Gottes logisch beweisen könne, und zwar vor bzw. unabhängig von jeder Hingabe an Gott, ohne seine Offenbarung anzunehmen. Ebenso wehren sie sich gegen die Auffassung, als lägen die Glaubensaussagen in einem der Vernunft unzugänglichen Bereich, so daß der Glaube tatsächlich irrational und der Vernunft entgegengesetzt sei. Erickson argumentiert: „Wie kann man es wagen, in einer so wichtigen Angelegenheit wie der Religion etwas ohne oder gar gegen überzeugende, vernünftige Beweise zu glauben? Angenommen, man investiert sein Vertrauen falsch, so hat man sein ganzes Leben verspielt oder vertan. Wenn jemand schon bei einer geschäftlichen Investition sorgfältig prüft und sich vergewissert, so sollte er die Entscheidung über sein Leben und seine Weltanschauung erst recht angemessen begründen".[52]

Die Evangelikalen knüpfen an den Gedanken Augustins an: Der Glaube muß der Vernunft vorausgehen. Wenn kein Glaube da ist, kann die Vernunft nicht tätig werden. Es ist nicht so, daß ein Mensch zuerst intellektuell versteht und daraufhin glauben kann; sondern er glaubt und kann daraufhin auch verstehen. *Glaube ist nicht* das Resultat oder der *Endpunkt einer Schlußfolgerung;* er ist vielmehr deren *Voraussetzung.* Die Vertreter der neuen evangelikalen Bewegung sind sich darin einig, daß eine unbewiesene Basisvoraussetzung oder Vorgabe nötig sei: die Exis-

---

[51] Roy A. Thompson, „Revival of Interest in Biblical Prophecy", in The Evangelical Beacon, Vol. 44, Nr. 22, 1971, S. 13
[52] M. Erickson, a.a.O., S. 130

tenz Gottes, der sich selbst offenbart hat, von dem wir durch die Bibel zuverlässige Kenntnis erhalten. Sie betonen stets, daß man die Behauptung, Gott sei irgendwo verständlich zu machen, notwendig auf die Voraussetzung gründen muß, daß Gott überhaupt existiert. Ramms Aussage ist wohl die vollständigste: „Wir stellen als fundamentale apologetische These folgenden Satz auf: Es gibt einen unendlichen, allweisen, allmächtigen, all-liebenden Gott, der sich auf natürliche und übernatürliche Weise in der Schöpfung, in der Natur des Menschen, in der Geschichte Israels und der Kirche, auf den Blättern der Heiligen Schrift, in der Inkarnation Gottes in Christus und durch das Evangelium im Herzen des Gläubigen offenbart hat".[53]

Die Evangelikalen stellen fest, daß jedes System von irgendeiner unbewiesenen Voraussetzung ausgeht, auf die es seine Vernunftgründe aufbaut.[54] Ohne sich auf das Wissen von Gott, das in der Bibel offenbart ist, zu beziehen, indem man es zumindest versuchsweise akzeptiert, wird man Gott niemals wirklich erfahren. Jedoch braucht der Glaube nicht auf der Ebene einer provisorischen Annahme von Unbewiesenem stehenzubleiben. Er kann im weiteren als wahr erwiesen oder doch gerechtfertigt werden, sodaß die Voraussetzung nicht irrational ist. Der Glaube stellt die Vernunft nicht auf den Kopf. *Der Vernunft kommt hier eine andere Bedeutung zu als in der natürlichen Theologie. Zwar kann sie den Inhalt des Glaubens nicht entdecken, aber sie kann die Einsichtigkeit des Glaubens für das Denken erweisen, sofern der Offenbarungsinhalt vorläufig einmal als wahr unterstellt wurde.* Der apologetische Ansatz bei diesem Konzept einer vorläufigen Annahme ist klar. Man versucht, die strenge Scheidung von Glaube und Vernunft, von Erkenntnis durch Glauben und wissenschaftlicher Erkenntnis zu überwinden. Man zeigt auf, daß es so etwas wie „reine Erkenntnis" gar nicht gibt, wenn man nämlich Erkenntnis als nur auf Vernunftgründen beruhend und von unbewiesenen Voraussetzungen unabhängig definiert. Ganz allgemein muß bei jedem System erst einmal etwas akzeptiert oder geglaubt werden, danach kann man die Gründe für eine solche Annahme vorbringen. Nicht nur der überzeugte Christ vollzieht einen Glaubensakt — jeder Mensch tut es (etwa bei den grundlegenden mathematischen oder philosophischen Sätzen).

---

[53] Bernard Ramm, „Protestant Christian Evidences", Chikago 1953, S. 33
[54] M. Erickson, a.a.O., S. 132

Evangelikale Theologen — u. a. Carnell, Ramm, Henry — führen Argumente ins Feld, mit denen sie vom Standort des Glaubenden aus die *Vernünftigkeit des Glaubens* einsichtig machen möchten, um dadurch auch andere zu überzeugen und zum Glauben zu führen. Den ersten Grund, den christlichen Glauben als wahr zu akzeptieren, sehen sie darin, daß er den Nöten des menschlichen Herzens wirksam begegnet. Er befriedigt die Sehnsüchte, bringt die Anklagen eines schuldigen Gewissens zur Ruhe und gibt Hoffnung für die Zukunft. Einen weiteren Grund sehen sie in der logischen Übereinstimmung wichtiger theologischer Lehrsätze: Die Bibel zeigt in den fundamentalen Aussagen ein zusammenhängendes, widerspruchsloses System theologischer Wahrheit. Sie erkennen an, daß die theoretische Erkenntnis in mancher Hinsicht begrenzt ist. Wir wissen nicht alles, wir verstehen nicht völlig — Gott z. B. wird niemals ganz erfaßt. Dadurch sollte man sich aber nicht beirren lassen, es sei denn, man stellt sich auf den Standpunkt, daß etwas, was nicht von Grund auf und erschöpfend bekannt ist, nicht als echte Erkenntnis anzusprechen oder deshalb überhaupt unmöglich sei. Etwa im Zusammenhang mit der Trinitätslehre gibt es vieles, was man nicht versteht. Man kann jedoch zumindest die Richtung sehen, aus der die Lösung wahrscheinlich käme, wenn man mehr Informationen hätte.

Existenzielle Relevanz und logische Stimmigkeit allein genügen jedoch nicht. Der christliche Glaube kann nur dann als wahr erwiesen werden, wenn er mit äußeren Gegebenheiten übereinstimmt. Die Aussagen der evangelikalen Theologen konzentrieren sich auf drei Bereiche. Der christliche Glaube ist *faktisch* wahr: die historischen Ereignisse, von denen die Bibel berichtet und denen wesentliche Bedeutung zukommt, haben offenkundig stattgefunden, mindestens soweit sich das überhaupt nachprüfen läßt. Der christliche Glaube ist *übernatürlich* wahr: es gibt Beweismittel dafür, daß in der Offenbarung Kräfte von anderem als menschlichem Ursprung am Werk waren. Schließlich ist er *metaphysisch* wahr: er liefert eine bessere Erklärung aller Erfahrungstatsachen als jede alternative Anschauung.

Die Theologen der neuen Evangelikalen Bewegung untersuchen nicht nur die ethische und geistliche Situation des Menschen, sondern auch seine dingliche, physische Umwelt. Alle Menschen verhalten sich in einer Weise, die ein gewisses Wirklichkeitsverständnis impliziert. Das Beispiel der sogenannten Einheitlichkeit der Natur zeigt dies wohl am deutlichsten: Jeder normale Mensch geht gewöhnlich von der Annahme aus, daß die Zukunft der Vergangenheit gleicht; man nimmt z. B. an, daß die Sonne morgen aufgehen wird, wie sie es auch früher zu tun pflegte. Henry vermerkt, daß das Vertrauen auf die Kontinuität des Universums aus einer Weltinterpretation hervorging, die Gott als Schöpfer und Erhalter aller Dinge ansah. Man braucht eine *Erklärungsbasis* für die Gesetzmäßigkeit und Kontinuität von Natur und Leben — *in der Bibel ist sie gegeben.* Die Evangelikalen stellen mit Nachdruck fest, daß man nur dann Gott in der Natur erkennen kann, wenn man die Fülle und Eindringlichkeit des Wissens über Gott besitzt, das die Bibel vermittelt, und daß die einzelnen Erkenntnisse vom Wesen Gottes im Verhältnis zum Universum nicht aus den reinen Beobachtungen der Erscheinungen selbst gewonnen werden.

In diesem Zusammenhang ist das *Verhältnis von Bibel und Theologie zur Naturwissenschaft* für die Evangelikalen bedeutsam.[55] Die Auseinandersetzung zwischen beiden Disziplinen wird oft von Spannungen beherrscht, weil Wissenschaftler der einen oder der anderen Richtung die unterschiedliche Bedeutung und Aufgabe der anderen Fachrichtung nicht richtig einschätzen. Die Naturwissenschaft hat es mit der Struktur und den kausalen bzw. funktionalen Zusammenhängen der physikalischen und räumlich-zeitlichen Aspekte des Universums zu tun. Sie befaßt sich mit dem „Wie" der Naturvorgänge. Theologie hingegen hat es vorrangig mit der Erkenntnis Gottes und seiner Beziehung zum geschaffenen Universum einschließlich des Menschen zu tun. Sofern sie sich mit Angelegenheiten der Natur befaßt, antwortet sie auf die Frage „Warum".

Folgerichtig besteht kein Konflikt zwischen der Aussage der Bibel, daß Gott die Erde geschaffen hat, und der Theorie, daß die Erde entstand, als ein vorbeifliegender Himmelskörper ein Stück von der Sonne losriß, das sich abkühlte und unsere Erde bildete. Die Bibel sagt uns nicht, *wie* Gott die Erde geschaffen hat, sie teilt uns nur mit, *daß* er es getan hat und *warum.* Ein Konflikt zwischen Naturwissenschaft und Theologie kann aus vielen Gründen auftreten, aber im Idealfall sollten die beiden miteinander harmonieren. Auf Gebieten, wo in der Bibel Naturwissenschaft im Spiel ist, sollte man sich bemühen, Grundlagen für eine Harmonie zu finden und aufzuzeigen.

Das Alter der Erde stellte ein beachtliches Problem dar. Während viele der Meinung waren, nach biblischer Lehre sei die Erde

---

[55] Vgl. M. Erickson, a.a.O., S. 156 ff

buchstäblich in sechs Tagen von je 24 Stunden etwa 4000 Jahre vor Christus geschaffen, schätzten Geologen, daß die Erde zwischen 5 und 10 Milliarden Jahre alt sei. Die amerikanischen Fundamentalisten hatten zwei Wege eingeschlagen, um die zeitliche Differenz mit dem biblischen Bericht zu harmonisieren. Man unterschied einmal zwischen zwei Schöpfungen: Gottes ursprüngliche Schöpfung entstand vor Millionen von Jahren (1. Mose 1,1); dann brach über sie eine Katastrophe herein und sie wurde „wüst und leer" (1. Mose 1,2). Mit Genesis 1,3 beginnt die Beschreibung einer Neuschöpfung, die Gott vor etwa 6000 Jahren in 6 Tagen von 24 Stunden zustandebrachte. Der andere Lösungsversuch des Fundamentalismus bestand darin, die zeitliche Differenz mit Hilfe der Sintflut zu erklären, welche zu ihrer Zeit Bedingungen setzte, die die Erde radikal veränderten. Unter großem Druck wurden Gesteinsschichten niedergelegt, die sich normalerweise nur in großen Zeiträumen hätten ausbilden können. Also scheint die Erde viel älter zu sein, als sie tatsächlich ist.

Die evangelikalen Theologen haben beide Theorien fallengelassen. Sie bevorzugen als Alternative die Interpretation, daß die „Tage" im Schöpfungsbericht nicht Zeitabschnitte von 24 Stunden sind, sondern lange Schöpfungsperioden. Während die Fundamentalisten das Wort „Tag" in seinem engsten Sinn verstanden hatten, stellten die Evangelikalen fest, daß dieses Wort in 1. Mose 1 auch in anderen Bedeutungen vorkommt, und sie glauben, daß das Verständnis des Wortes „Tag" als eines weit begrenzten Zeitraumes am besten für die Erklärung dieses Abschnitts geeignet ist. Man kann sogar eine gewisse Übereinstimmung zwischen den sechs Schöpfungstagen der Genesis und den geologischen Epochen feststellen.

Ramm deutet an, daß er diese Ansicht geteilt hat und weiterhin respektiert, aber in seiner Schrift „The Christian View of Science and Scripture" wendet er sich einer anderen Auffassung zu.[56] Er bemerkt, daß im Schöpfungsbericht Elemente vorkommen, die nicht in eine rein chronologische Ordnung einzupassen sind — insbesondere werden Sonne und Sterne erst nach dem Erscheinen des Lichtes und des pflanzlichen Lebens geschaffen. Er vermutet, daß die Schöpfung nicht in 6 Tagen ausgeführt, sondern in 6 Tagen bzw. unter der Gestalt von 6 Tagen offenbart wurde. In einer Reihe von Bildern wird der Schreiber der Genesis mit den

---

[56] Bernard Ramm, „The Christian View of Science and Scripture", Grand Rapids 1954, S. 218 ff

hauptsächlichen Fakten der Schöpfung bekanntgemacht. Die Anordnung mag teils chronologisch, teils räumlich sein. Sie soll nicht als genaue Beschreibung der Reihenfolge verstanden werden, in der die Ereignisse sich abspielten oder des Zeitraumes, die sie beanspruchten.

Zweifellos tritt in diesem Zusammenhang eines der schwierigsten Probleme zwischen Wissenschaft und Bibel auf: die Frage der biologischen Evolution. Viele der amerikanischen Fundamentalisten nahmen an, daß das hebräische Wort, das meist mit „Art" übersetzt wird, mit dem biologischen Begriff der Spezies oder Gattungen gleichzusetzen sei: Gott hat am Anfang sämtliche Arten von Lebewesen geschaffen, die es jetzt gibt, und diese haben sich gleichbleibend bis zur Gegenwart erhalten. Die Biologie hingegen führt Beweise für eine Entwicklung neuer Formen aus früheren Formen an. Die Strategie des Fundamentalismus bestand nun darin, die Entwicklungslehre in jeder Form zu bekämpfen. Die Evangelikalen dagegen vertreten eine Lehre von der *fortschreitenden Schöpfertätigkeit Gottes* („progressive creationism"). Carnell hat den Begriff der „threshold evolution" geprägt, einer „Evolution in Epochen und Übergängen". Er geht davon aus, daß das biblische Wort „Art" nicht mit dem biologischen Begriff „Spezies" identisch sei. Es ist ein allgemeiner Terminus, der einfach nur „Unterabteilungen von etwas" bedeutet. Gottes Tun bestand darin, eine breite Gruppierung — vielleicht auf der Ebene der biologischen Klasse — zu schaffen. Eine Zeit lang vollzog sich die Entwicklung nach den ihr innewohnenden Gesetzen und Prinzipien, und neue Gattungen entstanden. Dann schuf Gott den Anfang einer weiteren Art, und die Entwicklung setzte von neuem ein. Es gab Evolution innerhalb der Arten, aber nicht von einer Art zur anderen.

In dem Begriff der progressiven Schöpfertätigkeit kommt zum Ausdruck, daß nicht alles auf einmal geschaffen wurde und die Spezies nicht ein für allemal festlagen; es bleibt ein Spielraum für eine gewisse Entwicklung. Andererseits wird deutlich, daß die Evolution nicht alles ist: *Gott hat durch eine Reihe von Einzelakten geschaffen.*[57] Die paläontologischen Forschungen zeigen einige Lücken, die nicht durch Übergangsformen zu schließen sind — meistens auf der Ebene der biologischen Klasse. Die Evolutionisten müssen entweder behaupten, daß es Zwischenformen ge-

---

[57] Edward Carnell, „An Introduction to Christian Apologetics", Grand Rapids 1948, S. 236 ff

geben hat, die endgültig verlorengegangen sind, oder daß neue Formen spontan durch Mutation auftraten, die von allen früheren Formen radikal verschieden waren. Die Evangelikalen meinen, daß sie mit ihrer Erklärung dieser Lücken durch progressive Schöpfungsakte Gottes, in denen er Neues schuf, dem Sachverhalt besser gerecht werden.

Die evangelikalen Theologen in den USA lassen in ihren Stellungnahmen jedoch große Vorsicht walten. Sie denken nicht daran, sich der biologischen Evolutionstheorie anzuschließen, so lange das wissenschaftliche Beweismaterial noch unklar ist. Daraus nämlich würde sich nach ihrer Meinung ergeben, daß man seine Ansicht über die Verbindlichkeit, wie sie die Bibel im Schöpfungsbericht für sich in Anspruch nimmt, ändern müßte. Andererseits aber will man auch nicht irgendwelche Fakten, die sich in Zukunft ergeben könnten, von vornherein ausschließen. Während die amerikanischen Fundamentalisten behaupteten, man könne aus den biblischen Genealogien ein Datum für den Ursprung der menschlichen Rasse ableiten, wollen sich die Evangelikalen im Blick auf das *Alter der Menschheit nicht dogmatisch festlegen*. Sie weisen darauf hin, daß die Stammbäume offenbar nicht als kontinuierliche Listen der Vater-Sohn-Abkunft betrachtet werden können. Die Listen weisen Lücken auf; ein bestimmter Name steht manchmal für eine ganze Sippe, nicht für einen einzelnen. Die evangelikalen Gelehrten sind sich über die Datierung Adams nicht einig.[58] Manche, die ihn mit dem frühesten Menschen identifizieren, billigen ihm etwa 1 Million Jahre zu. Andere, die ihn bei ca. 40.000 Jahren ansetzen, behaupten entweder, daß die früheren Formen noch nicht als Menschen anzusprechen seien, oder daß sie zu einer präadamitischen Menschenart gehören. Jede dieser Interpretationen hat ihre Schwierigkeiten; die Frage nach dem exakten Ursprungsdatum des Menschen bleibt offen.

Von dogmatischer Bedeutung ist aber die Frage nach der *Zusammengehörigkeit der Menschheit*: Stammen alle Menschen von einem gemeinsamen Urahn her, oder gab es mehrere Urströme des Menschengeschlechts? Der paläontologische Befund gibt ein mehrdeutiges Bild. Paulus dagegen argumentiert im 5. Kapitel des Römerbriefes: alle Menschen sind Sünder und alle unter der Verdammnis, weil bei Adam die Sünde in die menschliche Gattung eingedrungen ist und alle Menschen von Adam abstammen. Of-

---

[58] Edward Carnell, „The Case for Orthodox Theology, Philadelphia 1959, S. 95 ff

fensichtlich steht und fällt das Argument des Apostels Paulus mit der einheitlichen Abstammung der Menschen. Man könnte ja annehmen, daß Menschen, die nicht auf Adam zurückzuführen seien, auch an Adams Verschuldung und seinem sündigen Wesen keinen Anteil hätten, also der Erlösung nicht bedürften. Die evangelikalen Theologen glauben, daß die Preisgabe der monogenetischen Theorie weitreichende Folgen für das Menschheits- und Schriftverständnis haben könnte. Sie führen an, daß die Menschheit anatomisch, physikalisch, physiologisch und psychologisch einheitlich sei und folgern daraus, daß alle Menschen von einem gemeinsamen Ursprung oder einem einzelnen Ahnenpaar herkommen. Am Horizont dieser Überlegungen taucht der Gedanke auf, daß Gott auch bei der Erschaffung des Menschen schöpferisch aus dem Innern der Natur durch die ihr innewohnenden Gesetze wirkte: Die physische Gestalt des Menschen bildete sich im Laufe eines Entwicklungsvorgangs aus. An irgend einem Punkt nahm Gott ein vorhandenes Lebewesen und fügte ihm durch einen direkten Schöpfungsakt geistliches Wesen ein, das als „Seele" oder „Ebenbild Gottes" bezeichnet wird. Daher unterschied sich der Mensch qualitativ von dem, was er zuvor gewesen war. Zwar deuten weder Ramm noch Carnell in ihren Schriften an, daß sie diese Ansicht teilen, aber sie weisen doch darauf hin, daß man sie als Bibelgläubiger akzeptieren könnte, wenn das Beweismaterial dies überzeugend verlange.[59]

b) Die Gemeinschaft der Gläubigen

Die Auseinandersetzungen mit den geistigen Problemen der Gegenwart, den *Fragen nach Ursprung und Ziel des Menschen*, und die Beantwortung der *Fragen nach dem rechten Handeln* des Christen im Verhältnis zu seinem Nächsten und im Lebensraum der Gesellschaft ist nicht in das Ermessen des einzelnen Christen gestellt, sondern *Verantwortung der Gemeinde*. Der Glaube an Christus und die Auseinandersetzung mit den Problemen der Umwelt verlangen die Gemeinsamkeit der Gläubigen im Denken und Handeln. Wie es Menschsein nur in der Ich-Du-Beziehung gibt, so auch christliche Existenz und christliches Handeln nur in der Gemeinsamkeit, in der Übernahme der Verantwortung füreinander. Christus stellt die an ihn Glaubenden nicht in ein zusammenhangloses Nebeneinander, sondern in eine geistige Kom-

---

[59] Vgl. M. Erickson, a.a.O., S. 161

munikation, in eine verbindliche Gemeinschaft — die Kirche Jesu Christi. Die evangelikalen Theologen wissen sich mit ihrer wissenschaftlichen Arbeit der Gemeinde der Gläubigen verpflichtet.

In der grundsätzlichen Definition folgen die evangelikalen Theologen weitgehend der reformierten Tradition: *Die Kirche ist die Gesamtheit aller Erlösten zu allen Zeiten,* all derer, die am Bund Abrahams teilhaben. Sie begann nicht mit dem Neuen Testament, sondern mit der Verheißung Gottes an Abraham, daß er und seine Kinder Gottes Volk sein und von ihm Heil und Segen empfangen sollten. Im Neuen Testament und dem darauf folgenden Zeitraum wurde dieser Bund erweitert. Paulus sagt, die Erben Abrahams seien nicht diejenigen, die von ihm abstammen, sondern vielmehr die, die seinen Glauben teilen. Diese Identifikation wird mit dem Hinweis begründet, daß das griechische Wort für „Kirche — Gemeinde" (ekklesia) in der griechischen Version des Alten Testaments (Septuaginta) für das Volk Israel gebraucht wird. Die Kirche ist einfach das Volk Gottes.

Da uns Kirchen und Gemeinden zunächst in ihrer äußerlichen oder empirischen Gestalt begegnen, liegt der Fehler nahe, sie von ihrer irdischen Erscheinungsform her zu definieren. Die Kirche ist aber ein *geistliches Phänomen*, eine von Gott gestiftete Gemeinschaft von Sündern, die auf denselben Retter vertrauen. Nicht die Zugehörigkeit zur Kirche macht den Christen aus, sondern die Anwesenheit der Erlösten in ihr macht die Kirche aus. Die Kirche ist eine unsichtbare Körperschaft, die nur da sichtbar wird, wo ihre Glieder sich zusammenfinden zum Gebet, zur Bruderschaft und zum Dienen. Zugleich ist sie eine *greifbare Wirklichkeit:* an verschiedenen Orten sammeln sich die Gläubigen, um sich gegenseitig im Glauben zu stärken und Gottes Weisungen auszuführen. Das können sie gemeinsam wirkungsvoller tun, als es jedem für sich allein jemals möglich wäre. Die örtlichen Erscheinungsformen des Leibes Christi bedürfen der organisatorischen Gliederung und bestimmter Führungsstrukturen. Das ist eine Frage der Zweckmäßigkeit, eine praktische Notwendigkeit. Die Bibel bindet die Christen an allgemeine Richtlinien, aber nicht an detaillierte Formen der Kirchenleitung. Christus will, daß die, die an ihn glauben, in geistlicher Gemeinschaft zusammenleben. Alle Formen der Organisation stehen immer nur im Dienst dieser Gemeinschaft.

Ein vieldiskutiertes Problem ist die Frage nach der Einheit der Gläubigen. Christus betete für alle, die an ihn glaubten und noch an ihn glauben sollten, „daß sie eins seien" (Joh. 17,11). Wenn Paulus die Gemeinde als den Leib Christi bezeichnet, so unterstreicht er damit, daß trotz der Vielfalt der Gaben und Aufgaben die Gemeinde die eine unteilbare Gemeinschaft der Glieder des Christus ist. Problematisch erscheint allerdings die Frage nach der konkreten Gestalt der *einen* Gemeinde Jesu Christi, wenn man auf die Vielzahl der unterschiedlichen und oft zerstrittenen Kirchen und Gemeinden sieht. Erickson verweist auf ein Beispiel aus dem amerikanischen Alltag, das sich um zahlreiche andere vermehren ließe:

„In der kleinen Stadt Centreville im Mittelwesten stehen vier Kirchen an der Kreuzung der Hauptstraße und der Kirchstraße. Sonntagsmorgens füllen die Glieder der vier Gemeinden nur notdürftig die vier alten Gebäude. Dabei machen sich die Gemeindeglieder der verschiedenen Kirchen die wenigen Parklücken auf der Straße streitig. Vier kümmerlich bezahlte Geistliche tun ihre Arbeit; sie predigen im Grunde dieselbe Botschaft, glauben im wesentlichen dieselben Lehren und führen mühsam Programme durch, die einander wiederholen und sich gegenseitig Konkurrenz machen. In den Kanzleien der Kirchenleitungen, zu denen diese örtlichen Kirchen gehören, sieht man das gleiche Bild doppelten Arbeitsaufwandes. Wie kann man die biblische Lehre von der Einheit der Kirche mit derart augenfälliger Vielfalt vereinbaren?"[60]

Natürlich kann man sich auf die Unterscheidung von sichtbarer und unsichtbarer Kirche zurückziehen. Einheit herrscht im Bereich der unsichtbaren Kirche und bedeutet daher geistliche Einheit. Alle, die an denselben Herrn und Heiland glauben, sind eins; das läßt sich mit der Existenz vieler Kirchen durchaus vereinen. Die führenden Männer der evangelikalen Bewegung sind aber besorgt über ein Streben nach Unabhängigkeit („independency"), das oft von der engstirnigen und starrsinnigen Forderung geleitet wird, an bestimmte Bekenntnisformulierungen zu glauben. Die Gefahr liegt darin, daß man einzelne Lehraussagen immer stärker herausstellt und immer feiner ausarbeitet. Schließlich kommt es soweit, daß man nur noch mit denen Gemeinschaft haben oder zusammenarbeiten kann, die auch in den allerletzten Einzelheiten der Lehre dieselbe Auffassung haben. Manchmal hat die angestrebte „independency" dazu geführt, daß sich namhafte Männer aus christlichen Kreisen zurückzogen, mit denen sie eigentlich keine Differenzen in der Lehre, wohl aber persönliche Streitigkeiten hatten.

---

[60] M. Erickson, a.a.O., S. 193

Die jüngere Geschichte des amerikanischen Fundamentalismus wurde von dieser Neigung geprägt.

Die Evangelikalen erkennen eindeutige Irrlehren als Grund zur Trennung an; aber sie sind keine Separatisten, die sich vor dem leisesten Hauch von Lehrabweichungen oder einer Annäherung an die Welt zurückziehen würden. Sie fragen vielmehr: *Was geschieht positiv, um die Einheit zu fördern?* Eine Möglichkeit dazu bietet die National Association of Evangelicals (NAE) mit ihren Kommissionen und Hilfsorganisationen. Die Evangelikalen suchen das Gespräch mit denen, die ihrer Bewegung abwartend gegenüberstehen. Sie halten es für unklug und unbiblisch, daß manche Konservative sich ganz dem Gespräch mit den Liberalen entziehen. Wenn die Konservativen die Wahrheit auf ihrer Seite haben, ist die Diskussion mit aufrichtigen und ernsthaften Gesprächspartnern wertvoll.

Anfänglich war eine erstaunliche Bereitschaft vorhanden, um des Dialogs willen an der ökumenischen Bewegung teilzunehmen. 1947 grenzte sich Carl Henry kritisch gegenüber fundamentalistischen Kirchen ab, denen er vorwarf, „daß sie keinerlei Bewegungen anerkennen, deren energische Bemühungen zu einem Angriff auf soziale Mißstände geworden sind. Sie erschöpfen sich in Angriffen und beißender Kritik am Weltrat der Kirchen und an den amerikanischen Kirchen, die der ökumenischen Bewegung nahestehen".[61] Er erwartete, daß die ökumenischen Führer gewisse Schritte unternehmen sollten: Mitbestimmung der Evangelikalen und Vertretung in der Führung der Ökumene wären notwendig. Biblische Evangelisation, die Bibel als zentrale Autorität und die biblischen Verhaltensnormen sollten betont werden. Inzwischen haben aber die *Evangelikalen in Amerika* mehr und mehr das Empfinden, daß sie im Verhältnis zu ihrer wirklichen Stärke *nicht genug gehört* werden.[62] Soweit Evangelikale innerhalb des National Council of Churches (Nationaler Kirchenrat) mitwirken, beklagen sie sich, „daß sie in einem konzilianten Ökumenismus gefangen seien und sich wie ausmanövriert vorkämen".[63] Carl Henry selbst wurde zu einem ernsten Gegner des Weltrates der Kirchen[64], obwohl er Mitglied der „American Baptist Convention" blieb, die

---

[61] Carl F. Henry, „The Uneasy Conscience of Modern Fundamentalism", Grand Rapids, 1947, S. 17
[62] Vgl. Denton Lotz, a.a.O., S. 123
[63] Christianity Today, 5. Juli 1968, S. 26
[64] Denton Lotz, a.a.O., S. 114: „Henry himself became a bitter opponent of the World Council of Churches".

dem Nationalen Kirchenrat und dem Weltrat der Kirchen angehört.

Die Bereitschaft, mit Vertretern einer abweichenden Theologie Kontakt zu halten, zeigt sich auch bei den Evangelisationen Billy Grahams. Einige Jahre hindurch hat Graham Einladungen zur Durchführung von Erweckungsveranstaltungen ebenso von liberalen Pfarrkomitees wie von Konservativen angenommen. Liberale haben bei der örtlichen Planung an führender Stelle gearbeitet und im Programm mitgewirkt. Deswegen ist Graham von extremen Fundamentalisten scharf kritisiert worden. Man wirft ihm nicht vor, daß er das Evangelium entstellt, glaubt aber, daß er durch seine Haltung den theologischen Liberalismus billigt. Auch tadelt man ihn, daß er Bekehrte, die aus liberalen Kreisen kommen, wieder in ihre Kirchen zurückschickt. Graham selbst hat es offenbar bewußt vermieden, auf diese Vorwürfe zu antworten; das haben einige seiner Mitarbeiter getan. Eine der umfassendsten Erwiderungen ist die Schrift „Zusammenarbeit in der Evangelisation" von R. Ferm.[65] Der Autor zeigt, daß Jesus sich nicht von Tempel und Synagoge ferngehalten hat, so verdorben und verkehrt sie zu seiner Zeit auch waren. Er scheute sich nicht, sich in Gesellschaft von Zöllnern und Sündern sehen zu lassen, wenn es ihm half, jemanden zu gewinnen. Ferm bemerkt auch, daß andere große Evangelisten wie Wesley, Whitefield, Finney, Edwards, Moody und Sunday nicht im strengen Sinne Separatisten waren. Die Evangelikalen sehen eine merkwürdige Unstimmigkeit in der Argumentation der strengen Fundamentalisten. Wenn — wie diese behaupten — ein Liberaler kein wiedergeborener Christ ist, bedarf er dann nicht genauso dringend der Rettung wie jeder andere Sünder? Ist es nicht zu begrüßen, wenn die Einbeziehung liberaler Kirchenleitungen in eine Missionsveranstaltung dazu führt, daß Mitglieder dieser Kirchen das Evangelium hören? Gewiß gehen in vielen Fällen die Bekehrten in liberale Kirchen zurück, ihnen folgt jedoch eine intensive Betreuung. Die Evangelikalen fürchten weniger, daß ihr geistlicher Eifer erlischt, wenn sie mit theologischem Liberalismus in Berührung kommen; vielmehr hoffen sie, daß die Bekehrten zu einem Kern geistlicher Ausstrahlung, zu einer Art Sauerteig in ihren Kirchen werden.

Dem Beobachter fällt auf, daß der apologetische Trend in der amerikanischen evangelikalen Theologie gegenwärtig zurückgeht. Das hängt zum Teil sicher mit der Tatsache zusammen, daß an

---

[65] Robert Ferm, „Cooperative Evangelism", Grand Rapids, 1958

Highschools, Colleges und Universitäten eine bisher nie gekannte Offenheit junger Menschen für das Evangelium vorhanden ist. Nicht intellektuelle Fragen stehen im Vordergrund, sondern die existentielle Frage nach der Bedeutung Jesu für unser persönliches Leben. Heute ist nicht die Stunde der Diskussion über theologische Denkschwierigkeiten, sondern die Stunde der Proklamation des Evangeliums. Das wird auch durch die sich ständig ausweitenden Bewegungen der „Young Life Campaign" und der „Jesus People" deutlich. Überall begegnet man in der amerikanischen evangelikalen Bewegung dem Bemühen um einen weiten geistlichen und geistigen Horizont, um gründliche wissenschaftliche, auch biblisch-theologische Arbeit. Die Bindung an Christus und sein Wort macht frei von aller falschen Sorge und Introvertiertheit, offen zum Hören auf den anderen, bereit zum gemeinsamen Beten und Handeln im Dienst des Evangeliums.

4. Verantwortliches Denken und Handeln als Bewährung des Glaubens

Die Erlösung, die ein Mensch durch Christus erfährt, bestimmt das neue Verhältnis, in dem er zu Gott steht, und setzt seinem Leben neue Maßstäbe. Im ethischen Bereich betrachten die evangelikalen Theologen geradeso wie in der Lehre die Autorität der Bibel als grundlegende Voraussetzung: Gott hat geredet — der Mensch soll seinem Wort gehorchen. Ethik ist keine Sache menschlicher Spekulation. Sie ist nicht auf dem Boden der besten Einsichten, Beobachtungen und Schlußfolgerungen des Menschen aufgebaut, sondern gründet sich auf die den Menschen von Gott mitgeteilte Wahrheit, die dem Menschen durch eigene Anstrengung nicht zugänglich wäre. Der natürliche Mensch entwickelt sein ethisches System nicht aus der Unterordnung unter Gottes Willen, sondern aus sündiger Rebellion heraus. Das heißt natürlich nicht, daß ein totaler Konflikt zwischen der biblischen Ethik und den verschiedenen menschlichen Systemen besteht. Weder ist der natürliche Mensch stets bis zur äußersten Möglichkeit des Bösen fortgeschritten, noch ist seine Meinung über Gut und Böse völlig falsch. In verschiedenen Punkten — etwa der Ablehnung des Mordes — stimmen säkulare und biblische Ethik überein. Doch ist die Fähigkeit des Menschen, die sittliche Wahrheit zu erkennen, gestört. Wenn er über das Rechte und das Gute nachdenkt, bewirkt sein inneres Gefälle eine Verzerrung der Wahrheit. Die

Welt ist eine gefallene Welt. Reale Mächte des Bösen sind in ihr am Werk, und insbesondere gibt es eine personale Verkörperung des Bösen, den „Teufel" oder „Satan". Ein großes moralisches Drama geht in der Welt vor sich, ein Kampf zwischen den Streitmächten Gottes und denen des Bösen. Satan setzt alles daran, die Menschen in Versuchung zu führen; er will sie verleiten, daß sie ihm in schlechten Gedanken und Taten nachfolgen. Das bedeutet, daß der Mensch einfach nicht imstande ist, ohne göttliche Hilfe und Stärkung das Gute zu erkennen oder zu tun.

Die christliche Ethik ist die Ethik des wiedergeborenen Menschen. Jedesmal, wenn ein Mensch Jesus Christus als Retter annimmt, findet eine erstaunliche Veränderung, die Wiedergeburt, statt. Es entsteht ein neues Verlangen, ein gottgemäßes Leben zu führen. Darüber hinaus nimmt der Heilige Geist bei der Wiedergeburt im Innern des Gläubigen Wohnung. Er gewinnt einen direkten Zugang zum Geist und Willen des Gläubigen. Denken und Leben Jesu prägen sich im Leben des Menschen aus. Paulus konnte sagen, nicht er lebe mehr, sondern Christus lebe in ihm. Das ist die Kraft, die den Christen fähig macht, nach den Ordnungen Gottes zu leben. Wohl erkennt man, daß niemand in seinem Leben diesem Maßstab vollkommen gerecht wird, aber der Mensch ist im Leben mit Christus nicht mehr allein und ausschließlich auf seine natürlichen Möglichkeiten angewiesen.

Mit der Ausrichtung des Lebens auf die *Ordnungen Gottes* ist auch die objektive Basis für die Ethik angesprochen. Richtig und falsch ist nicht primär auf den Menschen bezogen; die Wertordnung wird vom Wesen und Willen eines ewigen und unwandelbaren Gottes abgeleitet, so wie er sich den Menschen offenbart hat. Gottes Wille ist aus sich selbst heraus die Bestimmungsgröße des Guten. Er ist keinem Maßstab außerhalb seiner selbst unterworfen. Die Forderung, das zu tun, was Gott will und befiehlt, steht auf den ersten Blick in Konflikt mit dem Streben nach Lebenserfüllung und Glück. Aber bei näherer Untersuchung erweist sich diese Antithese als künstlich. Dem Willen Gottes zu folgen, bringt dem, der es tut, das Höchstmaß an Glück und Befriedigung ein. Denn das, was Gott will, ist tatsächlich auch für den Menschen das höchste Gut, wenn es vielleicht vorher auch nicht so scheint. Dazu erkennt der Mensch, daß, wenn er Gottes Willen erfüllt, Gott ihm aus dem Prozeß der Erfüllung selbst Befriedigung gewährt. Dagegen erlebt der Mensch, der um jeden Preis aus eigenem Vermögen sein Glück finden will, Enttäuschung und Überdruß. So sagt Jesus: „Wer sein Leben behalten will, der wird es verlieren, wer aber sein Leben verliert um meinet- und des Evangeliums willen, der wird's behalten" (Mark. 8, 35).

Wenn es hier auch nicht angeht, einzelne Themen der Ethik zu diskutieren, so sollen sie doch wenigstens umrissen werden. Wesentliche Antriebskraft im Leben des Christen ist die Liebe als Gottes Imperativ im personalen Verhaltensbereich. Die Liebe, von der das Neue Testament als einem wesentlichen Kennzeichen der Christen spricht, die Agape, kann nicht durch menschliches Wollen oder Bemühen erzeugt werden, sondern geht nur von Gott aus. Die Agape sucht den anderen nicht, um etwas von ihm zu erlangen; sie fragt, was sie für ihn tun kann. Sie sucht nicht das Gute für sich auf Kosten des anderen; sie sucht das Gute für den anderen, selbst wenn es auf eigene Kosten geht. Aber die Evangelikalen lehnen es ab, die Agape zum einzigen Prinzip menschlicher Beziehungen in der christlichen Ethik zu erheben. Es genügt nicht zu sagen: „Übe Liebe — es gibt keine andere Norm". Damit würde die christliche Ethik „eine radikale Situationsethik, in der nichts vorgeschrieben ist außer Liebe".[66] Hier fragen die evangelikalen Theologen: Gibt es keine anderen absoluten Werte? Kann gegebenenfalls jede Tat richtig sein, wenn sie nur in einer entsprechenden Situation der Liebe am meisten entspricht? Dieses Prinzip hat man theoretisch auf eine Reihe von gedachten Situationen angewandt.

Der amerikanische Theologe Joseph Fletcher hat 1959 durch seinen Aufsatz „Towards a New Look in Christian Ethics" diesem neuen Denken Bahn gebrochen. 1966 veröffentlichte Fletcher eine ausführlichere Fassung seines ethischen Programms unter dem Titel „Situation Ethics. The New Morality".[67] Im Rahmen der Situationsethik, die in ihrer populärsten Form als „Neue Moral" bekannt geworden ist, hat man z. B. erklärt, daß vorehelicher Geschlechtsverkehr durch Liebe gerechtfertigt ist, mit der Begründung, daß da, wo echte Liebe herrsche, auch voreheliche Intimität gut und richtig sei.[68] Dagegen haben evangelikale Theologen er-

---

[66] John A. T. Robinson, „Gott ist anders", Chr. Kaiser Verlag München 1964, S. 120
[67] Eine gründliche Darstellung der Entstehung und der Tendenzen der Situationsethik und eine theologische Kritik dieses Systems findet sich in dem Aufsatz von Klaus Bockmühl: „Revolution der Ethik und Ethik der Revolution", Theologische Beiträge, Wuppertal 1971, S. 63 ff
[68] a.a.O., S. 122: „Denn es gibt nichts, was ein für allemal falsch wäre. Man kann zum Beispiel nicht von der Behauptung ausgehen, daß voreheliche Beziehungen oder Ehescheidungen als solche falsch oder Sünde seien."

widert: Wohl ist die Liebe das Basisprinzip, das allen Ordnungen Gottes zu Grunde liegt; sie erhält aber ihre Definition und inhaltliche Füllung durch das Gesetz. Im Wesen Gottes sind Liebe und Gerechtigkeit gleichermaßen vollkommen, und die Liebe definiert sich selbst. Im Menschen, sogar im bekehrten, aber nicht vollkommen geheiligten Menschen, definiert sie sich nicht selbst. Der Mensch braucht eindeutige Regeln, die die Liebe leiten. Diese liegen in Gottes ethischer Offenbarung vor. Gott hat Unzucht und Ehebruch strikt verboten. Wahre Liebe würde nicht zu vorehelichem Verkehr führen; sie würde dem entgegenstehen, da derartige sexuelle Betätigung den göttlichen Rahmen der geschlechtlichen Moral sprengt und schuldhafte Entfremdung von Gott bewirkt. Liebe und Gesetz sind nicht antithetisch: Die Liebe ist das bewegende Element, das Gesetz die inhaltliche Norm.

Welchen Platz nimmt nun das Gesetz in der christlichen Ethik ein? In welchem Verhältnis steht es zum Evangelium? Es ist äußerst wichtig zu sehen, daß das Gesetz nicht als Mittel zur Erlösung gegeben ist. Es wurde nicht erlassen, damit der Mensch durch perfekte Erfüllung Gott zufriedenstellen und sich auf diese Weise das Heil verdienen könnte. Vielmehr ist es dazu da, daß der Mensch in der Gerechtigkeit unterwiesen wird, sich seiner Sünde bewußt wird und sich Gott zuwendet, damit er erlöst würde. Das Gesetz ist das Abbild von Gottes moralischem Wesen und zu allen Zeiten der Maßstab für das Verhalten sowohl des Gläubigen als auch des Ungläubigen. Das Neue Testament verurteilt nicht die Einhaltung der Vorschriften, es verwirft aber den Geist der Gesetzlichkeit. Gesetzlichkeit hält das Gesetz peinlich genau, mit der Einstellung: genau so viel und nicht mehr ist erforderlich. Diese Einstellung ist auf das Gesetz selbst gerichtet und nicht auf den, der das Gesetz gab und der dahintersteht. Der Christ führt ein Leben der Freiheit aus Gnade. Er ist nicht durch ein gesetzeshöriges Gewissen gebunden. Nichts, was Gott geschaffen hat, ist unrein aus sich selbst heraus, und nichts verunreinigt, wenn es in Übereinstimmung mit dem Willen des Schöpfers gebraucht wird. Das Problem bei der Gesetzlichkeit besteht darin, daß ein Abstinenzler faktisch genauso weltlich sein kann wie ein Säufer. Nach Jesu Worten aber ist die innere Einstellung ebenso wichtig wie die äußere Handlungsweise. Der Gläubige entscheidet aufgrund seiner Beziehungen zu Gott verantwortlich, was nützlich und richtig oder was falsch ist. Diese Freiheit darf allerdings nicht zu Zügellosigkeit mißbraucht werden. Lebensziel des Gläubigen ist es, Gott zu verherrlichen, und ein Verhalten, das diesem Ziel widerstreitet, ist verkehrt und sollte vermieden werden. Hier hat die christliche Freiheit ihre echte Grenze.

Der Christ hat auch eine Verantwortung vor seinen Mitmenschen, sowohl dem Nichtchristen als auch dem schwächeren Christen gegenüber. Jede Handlung, die den anderen in der geistlichen Entfaltung seines Lebens und im Wachstum des Glaubens hindert oder stört, sollte vermieden werden. Der Christ lebt nicht in einem sozialen und geistlichen Vakuum; er lebt in einer Gemeinschaft und muß sein Verhalten nach den Auswirkungen richten, die es zum Guten oder zum Schlechten für andere haben kann.

Der ausgesprochen gemeinschaftsbezogene Aspekt der Ethik tritt deutlich in einem Aufsatz „Konfrontation mit der Abtreibung" zutage, in dem Carl F. Henry sich mit den medizinischen, juristischen und gesellschaftspolitischen Konsequenzen dieser Frage aus der Sicht evangelikaler Theologie auseinandersetzt.[69] Wir lassen ihn selbst zu Worte kommen:

„Seit der Zeit des klassischen Eides des Hippokrates ist es die Pflicht des Arztes gewesen, das Leben der Mutter ebenso wie das des Kindes zu erhalten, wenn nicht medizinische Gründe das unmöglich machen. Die Umstände, unter denen Abtreibung früher als moralisch betrachtet wurde, sind meistenteils eindeutig: wenn Schwangerschaft auf Grund von Vergewaltigung oder Blutschande vorliegt, wenn Ärzte, Psychologen oder Psychiater eine Abtreibung für medizinisch notwendig erklären, und eventuell wenn das ungeborene Kind aller Wahrscheinlichkeit nach schwere geistige oder physische Schäden haben wird.

Vom Standpunkt der christlichen Moral ist es nicht leicht zu entscheiden, ob das Leben eines ungeborenen Kindes, das mit schweren Schäden durchs Leben gehen wird, beendet werden soll. Aber wenn wirklich gesagt wird, daß Leben vor der Geburt streng genommen noch kein menschliches Leben ist, so ist dieser Behauptung vorzuwerfen, daß sie die Sachlage zu einfach sieht. Es gibt zu viele Menschen mit angeborenen Krankheiten, die später dankbar für ihr Leben gewesen sind, und zu viele Eltern haben ihr schwerkrankes Kind angenommen und geliebt, als daß man die Abtreibung als rein medizinische Entscheidung hinstellen könnte. In den sich mit der Abtreibung befassenden Gesetzen werden eindeutige medizinische Gründe aufgeführt. Und gegen genau diese Gesetze geht man jetzt an. Mehr und mehr sind die Gründe, die

---

[69] Carl F. H. Henry, „Facing the Abortion Crisis", The Evangelical Beacon, Vol. 44, Nr. 11, 1971, S. 4 ff

zur Abtreibung führen, weder moralischer noch medizinischer Art, sondern sie wird aus materiellen oder privaten Erwägungen vorgenommen. Auch wenn manche der Ansicht sind, daß das Leben im Mutterleib nicht dem Leben nach der Geburt entspricht, bestehen dennoch gewisse Gründe, es als menschliches Leben in irgendeiner Form zu betrachten. Wir wissen heutzutage, daß der Fötus bei seinem Entstehen die gesamten Erbanlagen empfängt, daß in ihm die Proteine in einer einmaligen Weise, die sich nicht wiederholen wird, kombiniert sind, und daß er in gewisser Weise lebt. Für Paul Ramsey stellt sich folgende Frage: da die Momente des Atmens und der Gehirntätigkeit wichtige Faktoren sind, wenn der Augenblick des Todes eines Menschen genau festgesetzt werden soll, warum sollten sie dann keine Rolle spielen in der Entscheidung, wann das menschliche Leben beginnt?

Für Chirurgen, die die Abtreibung unter moralischen Aspekten sehen, sind diese Fragen keine Spitzfindigkeiten. Es geht vielmehr um die Frage, ob ein menschliches Leben bewußt frühzeitig zur Welt gebracht wird, um es dann zu vernichten. Und überhaupt, wenn ein Fötus zu früh aus dem Mutterleib entfernt wird, und zwar zu einem Zeitpunkt, wo er so ernährt werden könnte, daß er sich zu einem normalen Kind entwickelt, muß dann solch eine mutwillige Zerstörung des Lebens nicht als unmoralisch bezeichnet werden? Dieses Problem ist sicher nicht die einzige moralische oder geistliche Frage, die die Abtreibung aufwirft; die Frage jedoch, ob wir den Mord unseres Nächsten tolerieren dürfen, darf von keiner Gesellschaft, die sich für Menschen- und Minderheitsrechte einsetzt, übergangen werden.

Die Abtreibung kann nicht wie der Selbstmord als eine rein persönliche Entscheidung verstanden werden. Es ist nicht das Leben der Mutter, das auf dem Spiel steht. Außerdem ist sie es nicht allein, die dieses Leben geschaffen hat, und es ist wichtig für die Gesellschaft und den Staat, was mit diesem Leben geschieht. Kann das Leben eines hilflosen ungeborenen Kindes einfach dahingegeben werden, weil die Mutter seinen Tod wünscht und die Eltern nicht die Verpflichtung des barmherzigen Samariters sehen, es zu erhalten? Wenn ja, verlieren Vater und Mutter dann auch jegliche eigenen Rechte, wenn sie alt werden und die Kinder sie gerne loswerden möchten? Wenn die Entscheidung, ein lebendes ungeborenes Kind, das noch nicht das menschliche Leben in seiner vollen Form besitzt, am Leben zu halten oder zu töten, nur aus Gründen der Bequemlichkeit der Eltern oder sozialen Erwägungen getroffen wird, wie etwa der der Bevölkerungsexplosion, sind die

Gründe dann nicht sogar zwingender dafür, daß ein Kind seine Eltern aus dem Weg räumt, wenn diese senil werden? Wenn wir in dem einem Stadium die Freiheit haben, menschliches Leben zu zerstören und seine Würde zu verleugnen, warum nicht auch in dem anderen Stadium?

Wenn aber das ungeborene Kind andererseits schon vor seiner Geburt persönliche Rechte hat, und wenn sein Anrecht auf die Geburt öffentliche Folgen hat, so hat das menschliche Leben auch dann darauf Anspruch, geschützt zu werden, wenn es sich nicht selbst schützen kann. Der Anspruch des Schwachen und Hilflosen auf Schutz und Barmherzigkeit ist schon immer sehr stark in der christlichen Moral herausgestellt worden; Ehrfurcht vor dem Leben, auch an seinen niedrigsten Grenzen und nicht nur dort, wo es hochgeschätzt wird, zeichnete die Apostel aus.

Eine christliche Antwort auf die Abtreibungskrise sollte zur Achtung ermutigen. Die Bibel lehrt durchweg, daß unsere Leiber Gott gehören; die Lehre von der Heiligung hat entscheidende Bedeutung für das Sexualleben. Nach christlicher Sicht ist der Körper der Frau nicht Domäne und Eigentum anderer. Es ist Aufgabe der Frau, ihn zu kontrollieren, und sie allein ist Gott und der Gesellschaft gegenüber für seinen Gebrauch verantwortlich. Gibt sie diese Kontrolle auf und tritt eine Empfängnis ein und ist sie durch die Schwangerschaft in eine innerpersönliche Beziehung zu einer zweiten und zu einer dritten Person und damit tatsächlich zur menschlichen Gesellschaft als ganzer getreten, so ist es zu spät für sie, die Abtreibung auf der Basis der Selbstbestimmung zu rechtfertigen. Der Gott der Schöpfung und Erlösung ist auch der Hüter des Mutterleibes. In der Abtreibung auf Wunsch bestimmt die eigene private Entscheidung die Entwicklung des menschlichen Lebens. Diese Selbstbestimmung kann nicht beliebig ausgeweitet werden, denn es bleibt zuletzt die Verantwortung vor dem Gericht durch den Herrn und Schöpfer des Lebens." Soweit Carl F. Henry.

Im Bereich der sogenannten „Mitteldinge", der christlichen Adiaphora, sollte ein Christ sich wie ein Sportler im Training verhalten. Wenn er auf gewisse Gepflogenheiten verzichtet, tut er das nicht einfach um des Verzichtes willen oder um sein Leben einzuengen und zu frustrieren. Er gibt freiwillig bestimmte Gebiete seines Lebens preis, damit er einen besonderen Bereich seiner Fähigkeiten zu voller Kraft entfalten kann. Für den Außenseiter mag das christliche Leben wie ein enger und beschränkter Kreis erscheinen: Ein Christ ist jemand, der dies nicht tut und jenes nicht darf. Gewiß haben manche Erscheinungen in der Geschichte der

Christenheit diesen Eindruck gefördert. Nach Ansicht der Evangelikalen ist das christliche Leben einer Säule vergleichbar, deren Grundfläche gering ist, da äußere Bereiche abgetrennt wurden. Ist dies aber geschehen, wächst sie in die Höhe, so wie der Gläubige an der einen großen Aufgabe seines Lebens wächst: Gott zu verherrlichen! Die Entwicklung vollzieht sich in einer Dimension des Lebens, von der ein Ungläubiger keine Ahnung hat. Absonderung sollte nicht nur ein Streben fort von der Sünde und Welt, sondern hin zu Gott sein. Man meidet das Böse einzig um der innigen persönlichen Gemeinschaft mit dem lebendigen Gott willen. Positiv findet die christliche Ethik, die nicht in erster Linie auf einer Ansammlung von Regeln und Gesetzen basiert, ihre Maßstäbe in Jesus Christus. Denken und Handeln des Menschen soll sich von innen her nach dem Bilde Jesu verwandeln.

Aber warum will und soll ein Christ das Leben Christi führen? Der Grund dafür ist vor allem Dankbarkeit. Überwältigt von dem Bewußtsein dessen, was Gott an die Erschaffung des Menschen, seine Rettung, Bewahrung und Versorgung gewandt hat, antwortet der Gläubige damit, daß er die Weisungen des Herrn ausführt und danach strebt, ihm gleich zu werden. Ein Christ führt nicht deshalb ein gutes Leben, weil er sich der Erlösung wert erweisen will, oder auch nur aus dem Bedürfnis heraus, die Segnungen Gottes anderen Menschen weiterzugeben. Er tut es, weil er zutiefst empfindet, daß Gott ihn gerettet hat, und daß er seine Erlösung in keiner Weise verdient. Er bildet sich auch nicht ein, daß er Gott dadurch alles wiedererstatten und sich ein Verdienst erwerben kann, statt weiterhin von der Gnade abhängig zu sein. Dankbarkeit ist einfach die natürliche Antwort auf Gnade.

Die Evangelikalen entnehmen der biblischen Lehre, daß es soziale Konsequenzen des Evangeliums und eine soziale Verantwortung der christlichen Kirche gibt. Als Beispiel dafür sehen sie Jesus Christus selbst. Einen großen Teil seiner Tätigkeit bildete sicher die Verkündigung der Botschaft von der Rettung durch den Glauben an ihn; dabei ging es um die spezifisch geistlichen Nöte der Menschen. Aber ebenso nimmt in den Berichten über sein Leben die Beschreibung seiner Sorge für die physischen Nöte derer, die zu ihm kamen, einen breiten Raum ein; insbesondere heilte er die Kranken und gab den Blinden das Augenlicht wieder. Diese beiden Bereiche seiner Sendung sind besonders nahe miteinander in Mark. 2,9 verknüpft, wo er zu dem Lahmen sagt: „Deine Sünden sind dir vergeben ... stehe auf und wandle!"

Man mag einwenden, daß Jesus die wohltätigen Wunder in der

Absicht ausführte, seine Göttlichkeit zu erweisen und so den Glauben an ihn zu bewirken. Sein Dienst am Leibe der Menschen war nur ein Mittel, um die Seele der Menschen zu retten. Dieses Ziel verfolgte er gewiß in vielen Fällen, doch ist es zweifelhaft, ob es jedesmal der einzige oder auch nur der wichtigste Grund war. Es wird von Jesus berichtet, daß er von Mitleid bewegt war, als er die Nöte der Menschen sah. Ganz offensichtlich vollbrachte er wenigstens einige seiner Heilungen oder wohltätigen Wunder einfach, um Leid und Not zu lindern. Zu den vielen Stellen des Neuen Testaments, die in diesem Zusammenhang immer wieder zitiert werden, gehört auch Jesu Antwort auf die Frage, was denn das größte Gebot im Gesetz sei (Matth. 22, 37-39), und die Antwort auf die Frage des Schriftgelehrten, was er tun müsse, um das ewige Leben zu erben (Luk. 10, 25-37): „Du sollst Gott deinen Herrn lieben ... und deinen Nächsten wie dich selbst." Auf die weitere Frage „Wer ist mein Nächster?" erzählt Jesus das Gleichnis vom barmherzigen Samariter, wodurch er nicht nur unmittelbar die Frage beantwortete, sondern auch definierte, was Liebe wirklich bedeutet: anderen helfen — Leiden, Übel und Unrecht abzuwenden ist Ausdruck wahren Glaubens an Jesus Christus und der Hingabe an seinen Willen.

Die amerikanischen evangelikalen Theologen wenden sich besonders zwei Hauptgebieten sozialen Engagements zu: *sozialer Wohlfahrt*, die darauf zielt, die Nöte und Schwierigkeiten der Menschen zu erleichtern, und *sozialer Aktion*, die in erster Linie um die Reform der zugrundeliegenden Verhältnisse bemüht ist, durch die die Probleme entstehen. Alle Evangelikalen stimmen darin überein, daß die christlichen Gemeinden sich in diesen Bereichen zu engagieren haben. *Wie* man die Aufgabe erfüllen kann, ist eine andere Frage.

Im Blick auf die soziale Wohlfahrt gibt es vieles, was von einer örtlichen Gemeinde wie auch einem Gemeindebund oder einer Denomination oder auch von interkonfessionellen Gemeinschaften getragen werden kann und soll: Altersheime, Kinderheime, Fürsorgetätigkeit für Alkoholiker, für geistig Behinderte u. a.; Adoptionsvermittlung, Kindertagesstätten, Gemeindezentren, Krankenhäuser, Kurheime, Militär- und Krankenhaus-Seelsorge. Dies alles könnte man als Wohlfahrtspflege bezeichnen, in deren Bereich christliche Gemeinden die Verantwortung übernehmen. Es gibt Einrichtungen der öffentlichen Wohlfahrt, die nicht direkt von den kirchlichen Organisationen getragen und kontrolliert werden. Wenn die Kirche auch nicht unmittelbar beteiligt ist, gibt es dennoch Möglichkeiten, mitzuwirken und Einfluß zu nehmen.

Unterschiedliche Auffassungen begegnen uns bei den amerikanischen Evangelikalen, wenn es um die Frage geht, wie weit christliche Gemeinden und Kirchen ihre Einflußnahme auf die staatliche Sozial-Gesetzgebung ausüben sollten. Können die christlichen Gemeinden die zunehmenden sozialen Leistungen des Staates in der Arbeitslosen- und Rentenversorgung begrüßen und fördern, oder sollen sie dieser Entwicklung entgegentreten und andere Mittel zur Überwindung der Not empfehlen? Ist mit der Bereitstellung von Wohlfahrtsprogrammen durch die Regierung die soziale Verantwortung der Christen erfüllt? Noch dringlicher ist die Auseinandersetzung, ob und in welcher Weise sich christliche Gemeinden und Kirchen in corpore in der Rassenfrage oder der Stellungnahme zum Vietnam-Krieg engagieren sollen. Gegenwärtig wird auch unter evangelikalen Theologen in Amerika lebhaft nach den Auswirkungen der Barmer Erklärung und den Erfahrungen des Kirchenkampfes im Dritten Reich gefragt, und Dietrich Bonhoeffers Theologie ist Gegenstand erregter Diskussionen.

Welche Bedeutung kommt der Kirche in der Gesetzgebung zu? Henry und Moberg, die sehr verschiedene Ausschnitte des gegenwärtigen evangelikalen Denkens repräsentieren, sind darin einig, daß die Kirche nicht zu speziellen Einzelheiten der Gesetzgebung Stellung nehmen sollte. Vielmehr sollte die Kirche ihren ziemlich großen indirekten Einfluß ausüben und die Prinzipien sozialer Ordnung, die in der Heiligen Schrift zum Ausdruck kommen, proklamieren. Ferner sollte die Kirche ihre Glieder ermutigen, am staatsbürgerlichen und politischen Leben der kommunalen Gemeinde und der Nation aktiv teilzunehmen. Durch die Tätigkeit informierter, einzelner Christen würden dann die gesellschaftlichen Verhältnisse beeinflußt und entsprechende Gesetzesvorlagen eingebracht.

Sicher muß man es als ein Ergebnis der theologischen Bemühungen im Bereich der Sozialethik seitens der Evangelikalen werten, daß mehr als 1000 Delegierte bibeltreuer Missionsgesellschaften und junger Kirchen im April 1966 die „Wheaton-Declaration" unterzeichneten; in dieser Studie über theologische Grundlagen und Prinzipien der Mission in der veränderten Welt des 20. Jahrhunderts heißt es zu dem Thema „Mission und soziales Anliegen"[70]: „Während die Evangelikalen des 18. und 19. Jahrhun-

---

[70] Hrsg. Peter Beyerhaus, „Die Wheaton-Erklärung", Bad Liebenzell 1970, S. 22 f

derts in der Verfolgung sozialer Fragen an der Spitze standen, verloren im 20. Jahrhundert viele die biblische Perspektive aus den Augen und beschränkten sich darauf, nur ein Evangelium des individuellen Heils zu verkündigen ohne ausreichende Übernahme sozialer Verantwortung. Als theologischer Liberalismus und Humanismus in die historischen protestantischen Kirchen eindrangen und ein soziales Evangelium verkündeten, wuchs in der evangelikalen Christenheit die Überzeugung, daß ein Gegensatz zwischen sozialem Engagement und evangelistischem Zeugendienst bestehe. Nun, heute werden sich die Evangelikalen immer mehr darin einig, daß sie sich selbst den großen sozialen Problemen, denen die Menschheit gegenübersteht, zu stellen haben. Sie sind bewegt von den Bedürfnissen des ganzen Menschen aufgrund des Vorbildes ihres Herrn, Seiner bezwingenden Liebe, ihrem Einssein mit der gesamten Menschheit und der Mahnung seitens ihres evangelikalen Erbes. Wir erklären deshalb:
daß wir uns ohne Einschränkung wieder über den Primat klar werden, jedem Menschen das Evangelium zu verkündigen, und daß wir uns von neuem Gottes Sorge um soziale Gerechtigkeit und das Wohl des Menschen vor Augen führen wollen;
daß evangelikales soziales Handeln, wo immer möglich, ein mündliches Zeugnis von Jesus Christus beinhaltet;
daß evangelikales soziales Handeln verschwenderischen und unnötigen Wettbewerb vermeiden muß;
daß christliche Institutionen aufgelöst werden sollten, wenn sie ihre eindeutig evangelistischen Aufgaben nicht mehr erfüllen;
daß wir die ganze evangelische Christenheit auffordern, offen und fest für die Gleichheit der Rassen, Freiheit des Menschen und alle Formen sozialer Gerechtigkeit in der ganzen Welt einzutreten."

Was hier in einer theologischen Erklärung formuliert wurde, hat einer der engsten Mitarbeiter Billy Grahams für die Praxis umgemünzt: „Jeder Evangelist muß auf seine Weise unmißverständlich deutlich machen, daß ein Christ soziale Verantwortung zu übernehmen hat. Rassendiskriminierung ist Sünde, weil sie den Grundsatz verletzt, daß Gott *alle* Menschen nach seinem Bild geschaffen hat. Der Christ soll nicht bloß danach streben, seinen Nachbarn zu lieben. Er ist nur dann ein Christ, wenn er so Liebe übt, wie Johannes es bezeugt: ‚Wir wissen, daß wir vom Tod zum Leben hindurchgedrungen sind, denn wir lieben die Brüder; und wer nicht Liebe übt, bleibt im Tode.' — Bis ins einzelne aufzuzeigen, wie und wo der Gläubige sich für die Beseitigung rassischer Vorurteile, im Ringen um Frieden und im Kampf gegen die Armut einsetzen kann, ist nicht Aufgabe des Evangelisten. Aber daß der Christ seinen Glauben in diesen Bereichen zu bewähren hat, das muß er ständig betonen." [71]

Fassen wir die Kennzeichen der Evangelikalen noch einmal zusammen, wie sie sich in der Theologie artikulieren:

Elton Trueblood hat sicher zu Recht auf drei hervorstechende Merkmale hingewiesen, die „das Neue" an der evangelikalen Bewegung der Gegenwart ausmachen: Der Wille zur geistigen Auseinandersetzung mit den menschlichen und wissenschaftlichen Problemen der Zeit, das neu erwachte soziale Gewissen und Verantwortungsbewußtsein und die Absage an eine geistliche Haltung, die sich selbst absolut setzt und damit die Evangelikalen wieder zu einer exklusiven Gruppe machen würde.[72]

Die evangelikalen Christen — wo immer man ihnen in den USA begegnet — sind bereit, ihre eigene Gemeinde- und Kirchenzugehörigkeit in gewissem Sinne zu relativieren zu Gunsten der vorbehaltlosen Anerkennung eines Christen aus einer anderen Denomination als eines Bruders mit anderer Prägung und anderer Führung. Unter den Evangelikalen setzt sich zweifellos das Bewußtsein der unlösbaren Zusammengehörigkeit an dem einen Leib des Christus bei unterschiedlicher Ausformung der einzelnen Glieder immer mehr durch.

Damit ist noch keine umfassende Darstellung gegeben. Vielmehr verbinden sich ursprüngliche geistliche Ansätze und neue geistige Impulse in dieser Bewegung zu einer guten Synthese. Einige Kennzeichen fallen besonders auf:

a) Die Evangelikalen sind trotz des breiten theologischen Spektrums darin einig, daß die Bibel Gottes Wort ist, die in allen ihren Aussagen von Gottes Geist inspiriert wurde.

b) Zum biblischen Glauben ist die Umkehr des einzelnen (Bekehrung und Wiedergeburt) zu Jesus Christus notwendig, durch dessen stellvertretendes Opfer am Kreuz wir einzig gerettet werden können.

c) Der Heilige Geist wirkt in den Gläubigen und führt die einzelnen in ihrem Lebensbereich mit anderen Christen zu kontinuierlicher Gemeinschaft zusammen.

d) Aus dem Gehorsam gegenüber dem Wort Gottes und der Führung des Heiligen Geistes erwächst der Wille zur Evangeli-

---

[71] John Wesley White, „Everywhere preaching the Gospel", Billy Graham Evangelistic Association, Minneapolis, 1969, S. 36; vgl. ebenso John Pollock, „Billy Graham", Wuppertal 1967, S. 160 ff
[72] Elton Trueblood, a.a.O., S. 72 ff

sation und Mission und zugleich die soziale Verantwortung gegenüber Volk und Staat.

e) Einheit im theologischen Denken der Evangelikalen besteht in der zuversichtlichen Erwartung der Wiederkunft Christi, wobei kein bestimmtes Erkenntnisschema über den Ablauf der endgeschichtlichen Ereignisse zur Norm erhoben wird.

f) Aus der geistlichen Erneuerung erwächst das geistige Interesse an biblischer Theologie und die Bereitschaft, in der Begegnung und im Gespräch von Christen und Nichtchristen zu lernen.[73]

---

[73] Vgl. Denton Lotz, a.a.O., S. 146 f; ebenfalls „The distinctive Marks of the Evangelical Christian" in Douglas Johnson, „A Brief History of the International Fellowship of Evangelical Students", Lausanne 1964, S. 176 f

Evangelikale Strömungen in Deutschland

Dem Leser, der die geschichtliche Darstellung von den Anfängen der Evangelikalen über den Fundamentalismus bis zu der Bewegung der „New Evangelicals" aufmerksam verfolgt hat, sind die Parallelen zu Entwicklungen innerhalb des europäischen, speziell deutschen geistlichen Lebens nicht entgangen. Der Pietismus des 18. und 19. Jahrhunderts, und besonders die Erweckungsbewegung um die Wende vom 19. zum 20. Jahrhundert, haben ähnliche Kennzeichen getragen. Wesentliche Elemente, die das geistliche Leben der Evangelikalen Amerikas kennzeichnen, lassen sich auch hier und dort in der Gemeinschaftsbewegung und den Freikirchen aufzeigen. Aber einen solch elementaren Aufbruch, wie er in den USA in der Gegenwart zu verzeichnen ist, finden wir bei uns noch nicht. Vielleicht bricht er sich in unserer Generation Bahn. Das würde bedeuten, daß bestimmte, grundlegende neutestamentliche Wesenszüge christlichen Lebens sich in einer geistlichen Bewegung konkretisieren. In der angelsächsischen Welt ist das Stichwort „New Evangelical" zu einem Begriff geworden, der klar definiert und inhaltlich deutlich abgegrenzt ist. Aber dieser Begriff läßt sich mit einem oder zwei Worten nicht ins Deutsche übersetzen, wie man es versucht hat, weder mit „evangelisch" oder „evangeliumsgemäß" noch mit „biblisch-evangelisch". Evangelikal ist die Bezeichnung für eine christliche Bewegung, die vor allem vier Merkmale trägt:

1) Die persönliche *Erfahrung der Errettung* durch Christus, der Empfang der Vergebung der Sünden und die Gewißheit des Glaubens.
2) Das Bewußtsein der *Zusammengehörigkeit mit allen Menschen, die von Herzen Jesus Christus nachfolgen.* — Dabei wird die Existenz der verschiedenen Gruppierungen und Benennungen unter Christen, wie sie sich im Laufe der Geschichte herausgebildet haben, durchaus ernst genommen, aber keine Richtung absolut gesetzt. Die geistliche Einheit ist nicht in einer bestimmten christlichen Kirche organisiert, sondern in der persönlichen Beziehung aller Christen zu Jesus Christus selbst gegeben.
3) Die Bereitschaft, sich persönlich in *Evangelisation und Mission* zu engagieren. — Jeder Christ ist Zeuge seines Herrn Jesus Christus. Evangelisation und Mission sind unaufgebbare

Lebensäußerungen des Glaubens.

4) *Nachfolge Jesu*, Glaube und Gehorsam sind nur möglich *in der Bindung an das Wort Gottes*. Ohne die Fragen zu verdrängen, die sich vom Text und der Auslegung der Heiligen Schrift her der menschlichen Vernunft stellen, geht es doch darum, immer wieder Gottes Reden in der Bibel zu vernehmen und im Gehorsam des Glaubens Schritte in der Nachfolge zu tun, auch wenn sie über die Grenzen des eigenen Denkvermögens hinausführen.

Bekehrung und Heilsgewißheit, Gemeinschaft der Gläubigen, Evangelisation und Mission und völliges Vertrauen in Gottes Wort, so wie es uns in der Bibel gegeben ist — das ist evangelikal.

Diese Kennzeichen haben sich in der Bewegung der New Evangelicals in Nord-Amerika ausgeprägt und auf den europäischen Kontinent, besonders auf Deutschland, eingewirkt. Auch in England gibt es heute eine starke Bewegung der Evangelicals, aber nur sehr wenige Querverbindungen zum Kontinent. Das mag mit den zwei Weltkriegen zusammenhängen; die Abgeschlossenheit des Inselreichs gegenüber dem europäischen Festland und seine besondere politische Situation in den vergangenen 20 Jahren haben das Ihre dazu beigetragen. Zudem hat die Gemeinsamkeit der Sprache festere Verbindungen zu den anglo-amerikanischen Ländern wachsen lassen. Die evangelikalen Impulse aber, die heute in Deutschland spürbar sind, sind wie ein Funke von Amerika übergesprungen.

1. Großevangelisationen mit Dr. Billy Graham und Europäischer Kongress für Evangelisation

Nach dem zweiten Weltkrieg konstituierte sich die Deutsche Evangelisten-Konferenz, deren Vorsitzender Pastor Wilhelm Brauer wurde. Während einer Konferenz des World Evangelical Fellowship in Clarens/Schweiz 1953 wurde Pastor Brauer auf die Evangelisationstätigkeit von Billy Graham aufmerksam. Nach einer ersten Fühlungnahme mit der Deutschen Evangelischen Allianz empfahl der damalige Vorsitzende der Allianz, Pastor Walter Zilz, der Evangelisten-Konferenz, Billy Graham nach Deutschland einzuladen. Das geschah noch im Dezember 1953. Durch Vermittlung von Kirchenrat Wenzel in Berlin konnte W. Brauer das Olympiastadion und für eine Veranstaltung im Westen das Rheinstadion in Düsseldorf mieten. Im August 1954 sprach Billy Graham erstmals in Deutschland, in Düsseldorf vor 35 000, in Berlin vor 90 000 Zuhörern. Mit außergewöhnlicher Dynamik trieb Pastor Brauer die Ausweitung der Großevangelisation voran. Im Jahre 1955 veranstaltete er im Auftrag der Deutschen Evangelisten-Konferenz Evangelisationsversammlungen mit Billy Graham in Frankfurt, Mannheim, Stuttgart, Nürnberg und Dortmund. Im Laufe der folgenden Jahre waren es einzelne Mitglieder des Hauptvorstandes der Deutschen Evangelischen Allianz, vor allem der Vorsitzende Dir. Paul Schmidt/Berlin und Dir. Friedrich Heitmüller/Hamburg, die sich zusammen mit Pastor Brauer um einen groß angelegten Evangelisationseinsatz Billy Grahams in Deutschland bemühten. In dieser Zeit erschienen die Bücher Billy Grahams „Friede mit Gott", „Geheimnis des Glücks" und „Billy Graham und die Teenager" in deutscher Übersetzung. Außerdem machten Veröffentlichungen kompetenter Verfasser einen weiten Leserkreis mit der Arbeit Billy Grahams bekannt.[74]

Während die Vorbereitungen für die Groß-Evangelisationen 1960 noch gemeinsam von der Deutschen Evangelisten-Konferenz und der Deutschen Evangelischen Allianz getragen wurden, ging die *Verantwortung* für die Durchführung dieser Arbeit ganz auf den *Hauptvorstand der Deutschen Evangelischen Allianz* über, der zu diesem Zweck einen Verein für Groß-Evangelisation gegründet hatte. Im September 1960 evangelisierte Billy Graham je eine Woche in Essen, Hamburg und Berlin. Diese Veranstaltungen wurden geradezu zu einer Demonstration des Evangeliums in der Bundesrepublik.[75] Das Echo auf die Veranstaltungen war so stark, daß es nahelag, Billy Graham erneut nach Deutschland einzuladen. So besuchte Graham 1963 erneut Nürnberg und Stuttgart, und 1966 kam es zu der Evangelisation in der Deutschlandhalle und zum „Weltkongreß für Evangelisation" in Berlin. Aufgrund der Erfahrungen, die man in England mit der Fernsehübertragung der Evangelisation Billy Grahams in andere Städte gemacht hatte, entschloß sich der Hauptvorstand der Deutschen Evangelischen Allianz zur Durchführung der „Euro 70". Vom

---

[74] Brauer, „Billy Graham, ein Evangelist der Neuen Welt", Brunnen-Verlag, und „Europas goldene Stunde", Brockhaus-Verlag; Cook, „Billy Graham", Brunnen-Verlag; Stucki, „Billy Graham und Ch. Fuller", Basel

[75] Wilhelm Reinhold Brauer, „Die Großstadt-Evangelisation mit Dr. Billy Graham", Lübeck 1961; Hrsg. Deutsche Evangelische Allianz, „Noch ruft Gott", Wuppertal 1961

5.—12. 4. 1970 wurde von der Westfalenhalle in Dortmund die Evangelisation Billy Grahams in 35 deutsche und viele andere europäische Städte durch Fernsehen übertragen. Mehr als 800 000 Teilnehmer haben in dieser Woche an den Evangelisationsveranstaltungen teilgenommen. Jeweils eine Stunde nach Beendigung der Evangelisationsversammlung übertrug der Evangeliums-Rundfunk Trans World Radio, Monte Carlo, die Veranstaltung des Abends, so daß viele Millionen Hörer am Empfänger die Evangelisation miterleben konnten. Über 15 000 Menschen wurden seelsorgerlich betreut, davon mehr als 6 000 junge Menschen unter 25 Jahren. Vergleicht man die Auswertung der Groß-Evangelisation in Essen, Hamburg und Berlin 1960 mit der Arbeit der „Euro 70" [76], so fällt auf, daß die „Euro 70" zu einer Anzahl von dauerhaften Aktionen bzw. Institutionen geführt hat. Im Zuge der sogen. „Nacharbeit" der „Euro 70", d. h. der weiteren Betreuung derer, die während der Evangelisation seelsorgliche Hilfe in Anspruch genommen hatten, entstand auf Anregung des Hauptvorstandes der Deutschen Evangelischen Allianz eine „Arbeitsgemeinschaft für Hausbibelkreise" und eine „Arbeitsgemeinschaft für Fernbibelkurse". Um für eine schnellere und bessere Information aller Kreise zu sorgen, die an der „Euro 70" interessiert oder beteiligt gewesen waren, wurde 1971 der „Informationsdienst der Deutschen Evangelischen Allianz" (idea) ins Leben gerufen. Hier werden Nachrichten aus evangelikalen Kreisen in aller Welt gesammelt und an alle Interessierten — die christliche Presse, Missionen, Kirchen, Freikirchen und Gemeinschaften — weitergeleitet.

Eine der weitreichenden Auswirkungen der „Euro 70" war der Europäische Kongreß für Evangelisation in Amsterdam im September 1971, an dem 1 200 Vertreter aus 25 Ländern Europas teilnahmen. Programmdirektor Horst Marquardt hat in einer Sendung des Evangeliums-Rundfunks darüber berichtet [77]:

„Es hat zwar fünf Jahre gedauert, bis nach kontinentalen Kongressen in anderen Erdteilen auch in Europa Vertreter aller evangelikalen Kreise an einen Tisch bzw. in eine Halle kamen. Aber immerhin, zusammengekommen sind sie. Der „Europäische Kongreß für Evangelisation" macht eindeutig klar, daß unsere Zeit nichts dringender braucht, als eine kompromißlose und jedem verständliche Weitergabe der biblischen Wahrheit.

---

[76] Dave Foster, „Euro 70", Frankfurt 1971
[77] „Strategie in den 70er Jahren", 22.1.1972

Unsere Zeit braucht Glaubensgemeinschaften, in denen ein verbindliches Leben in dieser Wahrheit möglich ist. Unsere Zeit braucht Menschen, die diese Wahrheit nicht als einen geistigen Besitz für sich und einige Freunde pachten, sondern die aller Welt sagen, daß ohne eine Hinwendung zum lebendigen Gott der Bibel Chaos und schließlich Untergang unvermeidlich sind und daß Haß, Gemeinheit und Unvernunft die Oberhand behalten werden. Die gemeinsamen Überlegungen einiger hundert Christen in der niederländischen Hauptstadt sollen dazu dienen, daß glaubenstreue Christen gemeinsam zu gezielten Aktionen kommen. Der Kongreß in Amsterdam zeigte einmal mehr, daß die meisten Gemeinden nur den Auftrag zur *Sammlung* erkannt haben. Es kommt jedoch heute wesentlich darauf an, daß die Christen auch den Auftrag zur *Sendung* erkennen und akzeptieren.

Der Kongreß in Amsterdam ließ uns ahnen, was möglich ist, wenn wir aus dem durch den Heiligen Geist gewirkten Einssein in Christus Konsequenzen ziehen. Was kann Gott z. B. in den nächsten, den 70er Jahren, von uns erwarten und was kann er schenken?

Die evangelikalen Kräfte in aller Welt müssen enger zusammenrücken und intensiver gemeinsam planen und arbeiten. Dazu bieten sich einige bewährte Sammlungsbewegungen an. Auf internationaler Ebene die „World Evangelical Fellowship", in Zentral-Europa die „Evangelische Allianz", die übrigens die Schirmherrschaft des Kongresses in Amsterdam hatte.

Die Evangelische Allianz bietet mit ihrer Glaubensgrundlage eine Basis für solche Christus-Nachfolger, die sich als Erben und weiterführende Kräfte früherer Erweckungsbewegungen verstehen. Das hat in den letzten Jahren in einigen bewährten Gruppen, Kreisen und Gemeinschaften geistliche Aufbrüche bewirkt, für die zwar lange gebetet worden war, aber die mancher gar nicht mehr zu erhoffen wagte. Darüber hinaus hat Gott neuen Glaubensgruppierungen, Bruderschaften und Organisationen geistliches Leben geschenkt und ein neues Bewußtsein der Gnadengaben des Heiligen Geistes (im Sinne von 1. Kor. 12, 27 - 31).

Die evangelikalen Kräfte unseres Landes regen an und fördern den Auf- und Ausbau von Haus- und Gebetskreisen. Daß es überall im Land zur Gründung von Hausbibelkreisen kommt, gehört zu den glaubensstärkenden Erfahrungen der letzten Monate und Jahre. Wenn solche Kreise gesund in der

Zusammensetzung sind, und wenn sie über das Ziel ihrer Arbeit klare Vorstellungen haben, fördern sie das Leben der örtlichen Gemeinde oder Gemeinden. Zu Spaltungen oder zu einem „Neben-der-Gemeinde-leben" kommt es allerdings unter Umständen dort, wo die Gemeinde oder ihre Leitung bewußt modernistische theologische Gedanken in Bibelstunden und Gemeindegruppen weitergibt.

Evangelikale Kräfte sollen ihre Anliegen nach außen gemeinsam vertreten. Sie sollen wegweisend vorangehen und zu gemeinsamen Beschlüssen kommen, ehe wirtschaftliche oder politische Verhältnisse zu Lösungen zwingen, die dann möglicherweise durch Eile oder Angst diktiert werden.

Es ist darum nötig, daß alle Evangelikalen, deren Wunsch es ist, daß nach den Beschlüssen von Amsterdam weitergearbeitet wird, zusammenrücken, daß sie miteinander beten, miteinander reden, miteinander planen und schließlich miteinander handeln."

2. Evangeliums-Rundfunk-Wetzlar

Unter völlig anderen wirtschaftlichen und rechtlichen Voraussetzungen und äußeren Umständen, als sie in West-Europa gegeben sind, haben die Christen evangelikaler Kreise in Nordamerika von Anfang an die Massenkommunikationsmittel Presse, Rundfunk und Fernsehen für die Ausbreitung des Evangeliums genutzt. Der Umgang mit diesen Medien hat ihnen geholfen, die Methodik der Verkündigung neu zu überdenken und zu einem hohen Maß an technischer Perfektion in der missionarischen Handhabung solcher Möglichkeiten zu gelangen. So haben die amerikanischen Evangelikalen eine geistliche Konzeption für die Nutzung der Radio- und Fernsehtechnik im Reiche Gottes entwickelt. Zwei Amerikaner waren es, die aus dem Bereich der Radiomission einen entscheidenden Impuls nach Europa trugen.

Dr. Ralph Freed, von Hause aus Wirtschaftsfachmann, war 22 Jahr lang als Missionar und davon einige Zeit als Missionsleiter der Christian Alliance Mission im Mittleren Osten tätig gewesen. Zusammen mit seinem Sohn, dem Evangelisten Dr. Paul Freed, errichtete er 1954 in Tanger eine Radiostation. Aus ihrem bisherigen Dienst brachten beide viel Erfahrung und den nötigen Weitblick für die neue Arbeit mit. Obwohl der Sender „Stimme von Tanger" nur mit wenigen Kilowatt arbeitete, blieb das Echo nicht aus. Zwei Jahre später konnte ein vierfach verstärkter Kurzwellensender in Betrieb genommen werden. 170 Programme in 27

Sprachen wurden wöchentlich ausgestrahlt. Am 31. 12. 1959 mußte die Sendetätigkeit aufgrund eines Erlasses der marokkanischen Regierung eingestellt werden. Inzwischen hatten die beiden Amerikaner in Verhandlungen mit Radio Monte Carlo die Möglichkeit erhalten, in Monaco zwei Kurzwellensender zu errichten. Für die Programmgestaltung sollte ausschließlich Trans-World-Radio, wie sich die Radiomissionsgesellschaft nun nannte, verantwortlich sein.

Gleichzeitig begannen die beiden Freeds durch Helmut Gärtner, einen deutschen Mitarbeiter ihrer Mission, und einen deutschen Freund, den Verleger Hermann Schulte, in Deutschland einen Freundes- und Spenderkreis für die Arbeit der Radiomission zu interessieren. Waren bisher nur einzelne Evangelisten in einer Art „privater Radiomission" über den Sender Luxemburg tätig gewesen, so entstand nun in Deutschland ein Radiomissionswerk völlig neuer Struktur. Im Oktober 1959 erfolgte die Gründung des Evangeliums-Rundfunks Wetzlar. Ein anfangs sehr kleiner und dann ständig wachsender Mitarbeiterstab befaßte sich mit der Zusammenstellung der deutschen Sendeprogramme. Heute sind es bereits über 50 Mitarbeiter, die in Wetzlar im Studio, in der Redaktion, Verwaltung und Öffentlichkeitsarbeit tätig sind. Die Arbeit des Evangeliums-Rundfunks hat also seit Beginn der Sendetätigkeit im Februar 1961 eine erstaunliche Ausweitung erfahren. Es werden täglich 6 Hörfunkprogramme ausgestrahlt: 3 über Mittelwelle, 3 über Kurzwelle.

Der Evangeliums-Rundfunk arbeitet im Geist der Evangelischen Allianz, d. h. er strebt eine brüderliche Zusammenarbeit mit lebendigen Christen aus verschiedenen Denominationen an. Ebenso wie die Verkündiger kommen auch die Männer und Frauen, die für die Arbeit verantwortlich sind, aus verschiedenen Gemeinden und Kirchen. Das gleiche gilt für die fest angestellten Mitarbeiter. Geleitet wird der Evangeliums-Rundfunk von einem Vorstand, dem als beratende Gremien ein Programmausschuß und ein Wirtschaftsausschuß sowie eine technische Kommission zur Seite stehen. Mit der Erledigung laufender Geschäfte ist die Missionsleitung beauftragt. Der Evangeliums-Rundfunk bekennt sich zu folgender Glaubensgrundlage:

    1. Gott der Vater hat alles erschaffen und erhält alles.

    2. Die Gottheit und Menschheit Jesu, seine Geburt von der Jungfrau Maria, seinen Opfertod am Kreuz, seine leibhaftige Auferstehung, seine Himmelfahrt, seine gegenwärtige Erhöhung

zur Rechten Gottes und seine Wiederkunft in Herrlichkeit. Jesus Christus, unser Herr und Heiland, hat sein Blut stellvertretend für die Sünden der ganzen Welt hingegeben.

3. Gott hat seinen Heiligen Geist in die Welt gesandt, damit er den Menschen die Augen darüber öffne, was Sünde, Gerechtigkeit und Gericht ist, und damit er den Erlösten die ganze göttliche Wahrheit offenbare.

4. Die menschliche Natur ist durch und durch sündhaft. Nur durch Bekehrung und Wiedergeburt, die Erlösung durch das Blut Jesu, können Menschen vor Gott gerechtfertigt werden. Alle, die nicht von neuem geboren werden, sind ewig verloren.

5. Die Erlösten werden zum ewigen Leben in Herrlichkeit, die Nicht-Erlösten zum Gericht und zur ewigen Verdammnis auferstehen.

6. Alle Wiedergeborenen bilden die Gemeinde, den „Leib Jesu Christi".

7. Für die Gemeinde ist der Missionsbefehl Jesu gültig und verbindlich: „Geht zu allen Völkern und macht sie zu Jüngern; tauft sie auf den Namen des Vaters, des Sohnes und des Heiligen Geistes; lehrt sie halten alles, was ich euch befohlen habe" (Matth. 28, 18 - 19).

Informiert man sich über Entstehung und Entwicklung dieser Arbeit [78], so tritt deutlich zu Tage, wie sehr die *Prinzipien der Treue zum Wort Gottes* und der Weite in der *brüderlichen Begegnung und Zusammenarbeit* über die Grenzen einzelner Denominationen hinaus, die für die amerikanischen Evangelikalen bestimmend sind, auch die Arbeit des Evangeliums-Rundfunks geprägt haben. Die vielen Tausende von Hörerbriefen beweisen, daß den bibeltreuen Kreisen in den deutschsprachigen Ländern mit dem Evangeliums-Runfunk ein weitreichendes Missionsinstrument gegeben wurde, durch das die Gemeinde aufgebaut wird. Die Zahl der Menschen, die durch die Sendungen über Monte Carlo einen Anstoß zum Glauben empfangen haben, ist unübersehbar.

Zweifellos haben die geistlichen Anregungen, die durch die Großevangelisation Dr. Billy Grahams und die Arbeit des Evangeliums-Rundfunks in viele christliche Kreise des deutschsprachigen Raumes hineingetragen wurden, noch einen dritten

---

[78] „Trans-World Radio/Evangeliums-Rundfunk", Dokumentation, Wetzlar 1968; Paul E. Freed, „Frohe Botschaft wir künden den Völkern", Wetzlar 1970³, S. 92 ff

Zweig — gewissermaßen den jüngsten Strom — evangelikaler Arbeit beeinflußt, nämlich die

3. „Konferenz evangelikaler Missionen"

Anfang der sechziger Jahre begann Ernst Schrupp, Leiter der Wiedenester Mission und Mitglied des Deutschen Evangelischen Missionsrates (DEMR), Missionarstage in Wiedenest durchzuführen, die der Schulung und dem Austausch der Missionare auf Heimaturlaub dienen sollten. Daraus entwickelten sich sehr bald Missionarskurse für freikirchliche Missionare, die immer stärkere Resonanz fanden. Als Träger dieser Arbeit wurde 1967 die „Arbeitsgemeinschaft für freikirchliche Missionarskurse" gegründet. Von vornherein war man offen dafür, daß an den Kursen auch Missionare aus anderen als freikirchlichen Missionsgesellschaften teilnehmen konnten. Die Arbeit erweiterte sich ständig; immer neue Kontakte wurden geschlossen. Im Zeitraum der letzten fünf Jahre haben über 500 Missionare auf Heimaturlaub an diesen Missionarskursen teilgenommen.

Bald nach der Konstitution der „Arbeitsgemeinschaft für freikirchliche Missionarskurse" trat der damalige Vorsitzende der Deutschen Evangelischen Allianz, Dir. Paul Schmidt/Berlin, mit der Bitte an Ernst Schrupp heran, konkrete Schritte zur Sammlung der evangelikalen Missionen im deutschsprachigen Raum zu unternehmen. Durch die Verbindung zum World Evangelical Fellowship hatte Paul Schmidt von den Missionskonferenzen der Evangelischen Allianz in Amerika (NAE) gehört. Gleichzeitig empfand er das Nebeneinander zahlreicher kleiner, biblisch ausgerichteter Missionsgesellschaften, die nach dem zweiten Weltkrieg entstanden waren und sich nicht dem Deutschen Evangelischen Missionstag (DEMT) angeschlossen hatten, als unbefriedigend. Die Sammlung dieser „evangelikalen Missionen" sollte nicht im Gegensatz zum DEMT und DEMR stehen, sondern neue Kontakte schaffen und gemeinsame Arbeit ermöglichen. In der Folgezeit wandte sich Ernst Schrupp an Mitglieder des Hauptvorstandes der Deutschen Evangelischen Allianz, weil er die geplante Konferenz unter die Schirmherrschaft der Evangelischen Allianz stellen wollte. Auf der Herbstsitzung des Hauptvorstandes der Allianz 1968 fand er die notwendige Unterstützung, und am 12. Dezember 1968 wurde die Einladung zur ersten Tagung evangelikaler Missionen versandt, unterzeichnet von Ernst Schrupp und

Wilhelm Gilbert (als Vorsitzender der Deutschen Evangelischen Allianz).

In der Einladung hieß es u. a.:

„Im Kreis der leitenden Brüder der Deutschen Evangelischen Allianz, der Europäischen Allianz, der World Evangelical Fellowship und verschiedener missionarischer Werke ist in letzter Zeit verschiedentlich nach der Beziehung der Evangelikalen Missionen zueinander gefragt worden. In England z. B. gibt es die Evangelical Missionary Association, zu der etwa 60 evangelikale Missionen gehören. Sie arbeitet auf verschiedenen Gebieten, wie Literatur, Radio usw., zusammen... In Deutschland sind die Missionen, die aus den freikirchlichen und Gemeinschaftskreisen hervorgegangen sind und von diesen getragen werden, im Deutschen Evangelischen Missionstag und treffen sich hier immer wieder... Eine Anzahl neuerer Evangelikaler Missionen gehört jedoch dem Missionstag nicht an. Sie haben größtenteils ihren Ursprung im angelsächsischen Raum und haben weiterhin ihre besonderen Verbindungen nach dort, aber bewegen sich doch auch mit den anderen Missionen in den gleichen evangelikalen Kreisen unseres deutschsprachigen Gemeinderaumes. So besteht das Bedürfnis, daß die evangelikalen Missionen eine stärkere Fühlung untereinander aufnehmen. Mit den Brüdern des Deutschen Evangelischen Missionsrates ist dies besprochen worden, und sie haben Verständnis dafür, daß wir vermehrten Kontakt suchen, auch mit den Missionen, die nicht dem Deutschen Evangelischen Missionstag angeschlossen sind, uns aber nahestehen... Wir wollen einander kennen- und verstehenlernen als Partner am Evangelium in dieser Welt. Diese ist heute krisenerfüllter denn je, und wir brauchen darum in der Welt dringender denn je die Dynamik des Geistes und der Liebe Gottes. So möchten wir uns von Gottes Wort ansprechen lassen, uns über die gegenwärtige Situation informieren und Raum haben für Gebet und Austausch."

Aus dem Ergebnisprotokoll der Tagung Evangelikaler Missionen vom 13.-15. 2. 1969 in Frankfurt geht hervor, daß es sich hier um eine brüderliche Begegnung handelte, die dem Sichkennenlernen und der Beratung gemeinsamer Fragen dienen sollte. Ernst Schrupp betonte: „Es geht uns nicht um eine Frontstellung irgendwelcher Art, sondern darum, daß wir aus einer gemeinsamen geistlichen Tradition herkommen und deren Trägergemeinden weitgehend identisch sind mit den pietistisch-erweckten Kreisen in den evgl. Landeskirchen, der Gemeinschaftsbewegung und den Freikirchen, auch unseren gemeinsamen Auftrag erkennen."

Daß diese Zielvorstellung deutlich artikuliert und verstanden wurde, geht aus dem Bericht von Pfarrer Buttler hervor, den er als Delegierter des DEMR über diese Tagung gegeben hat. Er schreibt: „Ziel der Tagung war nicht, neben oder gegenüber dem DEMR eine eigene evangelikale Organisation zu schaffen, sondern über die Gemeinschaft im Missionstag hinaus brüderliche Verbindung auch zu neuen Missionen herzustellen."

Das erste Anschriftenverzeichnis der Missionsgesellschaften, die sich zur „Konferenz Evangelikaler Missionen" verbunden hatten, weist 32 Namen auf. 1971 umfaßte dieses Verzeichnis bereits 41 Namen von Missionsgesellschaften.[79] Auf den beiden ersten Konferenzen ging es neben den Kontakten zwischen den Missionen um grundsätzliche Fragen, die in der Themenstellung hervortreten. 1969: „Evangelikal — was ist das?" (Dr. Rott/München). 1970: „Bibelgläubig — wie wirkt sich das aus?" (Dr. Laubach/Hamburg) und „Evangelium — Entwicklungsdienst — Mitmenschlichkeit" (Prof. Beyerhaus/Tübingen).

Die Konferenz 1971 war durch Information über spezielle Fragen der Mission gekennzeichnet. Die Teilnehmer stellten sich auch der Frage des Rassismus. Die Verwerfung des Rassismus fiel nicht schwer. Weit schwerer fiel den Missionen die Erkenntnis, wie weit sie selbst in ihrer missionarischen Arbeit der Rassendiskriminierung verhaftet sind. Hier ist u. a. auch das soziale Gefälle zwischen Missionar und einheimischen Christen zu beachten. Die Tagung 1971 war keine Konferenz großer Schlagzeilen. Das war auch nicht ihr Ziel. Sie war eine Konferenz der Bruderschaft, des Austausches und der gemeinsamen Arbeit über aktuelle Fragen.

1971 kennzeichnete Ernst Schrupp, der den Vorsitz im Kontaktausschuß Evangelikaler Missionen hatte, in seiner Stellungnahme das Wesen der Konferenz evangelikaler Missionen: Die evangelikalen Missionen aus dem deutschsprachigen Raum wollen sich kennenlernen, ihren Auftrag in der Welt von heute deutlicher sehen und bei dessen Erfüllung einander helfen. „Evangelikal" ist die aus dem angelsächsischen stammende Sammelbezeichnung für Christen mit etwa den folgenden Merkmalen: geschichtliche Herkunft aus der Erweckung, persönliche Erfahrung des Glaubens an Jesus Christus, Bindung an die Heilige Schrift als vollgültiges Wort Gottes, Sammlung der Glaubenden und Erfül-

---

[79] Arno Pagel „Kein Weg ist zu weit", Wuppertal 1971, S. 105 ff

lung ihres evangelistisch-missionarischen Auftrages. Diese Missionen mit ihren etwa 650 aktiven Missionaren in allen Kontinenten bilden seit ihrer ersten Tagung 1969 eine „Konferenz Evangelikaler Misionen" innerhalb der Deutschen Evangelischen Allianz. Sie haben einen ständigen Kontakt-Ausschuß, führen u. a. Gesamt- und Regionaltagungen sowie an ihren Ausbildungsstätten regelmäßige, gemeinsame Schulungskurse für ihre Missionare durch. Ihre Verlautbarungen erfolgen durch die missionseigenen Blätter, das Allianzblatt und über den Evangeliums-Rundfunk.[80]

Auf der 4. Konferenz im Februar 1972 in Velbert wurde eine stärkere Konsolidierung der gemeinsamen Arbeit deutlich. Die Vollversammlung der dort vertretenen evangelikalen Missionen beschloß, daß die Basis der Evangelischen Allianz die Grundlage der Konferenz sein soll. Im Blick auf das Missionsverständnis in der gegenwärtigen Situation schlossen sich die Teilnehmer der „Frankfurter Erklärung" mit dem Vorbehalt an, daß in ihrem Kreis verschiedene Auffassungen von Kirche und Sakrament vertreten sind und daß die Zustimmung zur „Frankfurter Erklärung"[80a] nicht eine Festlegung auf eins dieser verschiedenen Auffassungen bedeutet. Die Mitglieder der Konferenz werden ihre Zustimmung durch Unterschrift unter beide Dokumente erklären. Ein enger organisatorischer Zusammenschluß unter dem Namen „Allianz Evangelikaler Missionen" wird angestrebt. Tatsächlich ist unter den evangelikalen Missionen die Frage lebendig, was heute in der Welt geschieht und was die Christen in dieser Situation zu tun haben. Das gemeinsame Streben zielt darauf, in der missionarischen Verkündigung in aller Welt die Botschaft verständlich und die Entscheidung unausweichlich zu machen.

4. Möglichkeiten der Zukunft

Fragen wir nach den Möglichkeiten, die sich in Zukunft für eine Ausweitung der evangelikalen Kreise ergeben, wie sie ihren erwecklichen, geistlichen Einfluß auf breitere Schichten der Bevölkerung ausdehnen und zur Wirkung kommen lassen könnten,

---

[80] Vgl. „Das Wort in der Welt", Hamburg 1971, Nr. 6, S. 176
[80a] Die „Frankfurter Erklärung" (s. Seite 115 ff) entstand unter der Federführung von Prof. Beyerhaus und wurde vom „Theologischen Konvent", einer Zusammenkunft schrift- und bekenntnisgebundener Theologen, auf einer Tagung am 4. März 1970 in Frankfurt einmütig angenommen.

so müssen wir an dieser Stelle eine evangelikale Bewegung erwähnen, der wir in Zukunft vermehrte Beachtung schenken sollten: die „Studentenmission in Deutschland" (SMD). In ihrem Ursprung eine Erweckungsbewegung der Nachkriegsjahre an den deutschen Universitäten, gekennzeichnet durch das spontane Zeugnis und die praktische Einsatzbereitschaft junger gläubiger Studenten, fand die SMD bereits in ihren Anfängen Anschluß an evangelikale Studentenbewegungen Englands und der USA, die einen nachhaltigen Einfluß auf die deutsche Studentenarbeit ausübten und ihr zu weltweiten Kontakten mit evangelikalen Christen verhalfen.[81] Die „Richtlinien" und das „Öffentliche Glaubenszeugnis der SMD"[82] zeigen inhaltlich eine völlige Übereinstimmung mit der Basis der Deutschen Evangelischen Allianz und stimmen im Wortlaut weitgehend mit der Glaubensgrundlage der weltweiten evangelikalen Studentenbewegung („International Fellowship of Evangelical Students" [IFES]) überein.[83] Hier geht es um mehr als formale Ähnlichkeiten; durch die Wirkung des Geistes Gottes — wie unter Studenten anderer Kontinente — brach eine Bewegung hervor, die von Anfang an die Wesensmerkmale evangelikalen Glaubens*verständnisses* und evangelikaler Glaubens*praxis* hatte. Das Besondere an der SMD war nicht allein die biblisch-missionarische Grundhaltung, sondern auch — durch die Gegebenheiten der studentischen Lebenssituation angeregt — der Wille junger Christen zur geistigen Auseinandersetzung mit den Problemen der Gegenwart. Zeuge des auferstandenen Christus zu sein und wissenschaftlich zu denken, wurde nicht als unüberbrückbarer Gegensatz empfunden. Vielmehr wurde hier ein Nachholbedarf innerhalb des christlichen Lagers entdeckt und ernstgenommen. In den ersten zehn Jahren gelang es der SMD, an fast allen westdeutschen Universitäten missionarische Gruppen ins Leben zu rufen. In den sechziger Jahren konnte man mancherorts eine Stagnation beobachten. Angesichts vielfältiger geistiger Wandlungen führte die Notwendigkeit neuer Orientierung vor allem zu theologischen Debatten. Auf anderen Gebieten vollzog sich die Auseinandersetzung weniger deutlich, vielleicht auch weniger intensiv. Konnte man in den ersten Jahren die Hoffnung hegen, die SMD würde eine Initiativgruppe mit

---

[81] Hans Rohrbach, „Studenten begegnen der Wahrheit", Marburg 1957, S. 17 ff
[82] a.a.O., S. 54 ff
[83] Douglas Johnson, "A Brief History of the International Fellowship of Evangelical Students", Lausanne 1964, S. 174

breiter Wirkung werden, so sind diese Erwartungen nicht ganz in Erfüllung gegangen. Aus den Reihen derer, die sich während ihres Studiums zu den SMD-Gruppen gehalten haben, haben sich nur wenige in evangelikalen Kreisen wirklich engagiert. Ein Literaturprogramm nach dem Modell der umfangreichen Literaturarbeit der englischen Studentenmission (IVF), das in den ersten Jahren geplant wurde, ist bisher nicht aufgebaut worden.

Seit einem Jahr aber hat ein neuer Aufbruch in der SMD unter Studenten und Schülern begonnen, der zu Hoffnungen für die Zukunft berechtigt. „Die Zeit der Stagnation ist zu Ende gegangen".[84] Vergleicht man die kirchliche und freikirchliche Situation in der Bundesrepublik mit den entsprechenden Zuständen in England und Amerika, so wird deutlich, daß in Deutschland erst ansatzweise vorhanden ist, was in anderen Ländern durch die evangelikalen Kreise bereits erreicht wurde. Neben einer Breitenstreuung des Evangeliums durch Groß-Evangelisationen, Radiomission und Aktionsgemeinschaften evangelikaler Missionen sind dort evangelikale Christen führend im wissenschaftlichen, wirtschaftlichen und kirchlichen Leben. Als Christen, die sich in ihrem Glauben ganz an Jesus Christus und die Bibel gebunden wissen, haben sie sich um einen weiten geistigen Horizont bemüht und stehen z. T. an führenden Positionen in der Gesellschaft. Von dort her gehen spürbare christliche Impulse in ihre Umwelt hinein. Bedenkt man, daß es in den USA Universitäten und theologische Fakultäten gibt, die ganz in evangelikalem Geist geführt werden, und daß ein weitreichender Einfluß von diesen Hochschulen ausgeht, dann wird deutlich, daß im deutschsprachigen Raum noch große Aufgaben auf ihre Lösung warten.

In diesen Sektor einer breiten Streuung evangelikalen Gedankenguts gehört auch die Literaturarbeit. Im Bereich der Theologie, aber auch in anderen Wissenschaftszweigen hat es weitgehend an Veröffentlichungen gefehlt, die von fachlich qualifizierten, bibeltreuen Autoren verfaßt waren. Erst in den letzten zehn Jahren hat sich das Bild etwas gewandelt. Es sind zahlreiche Übersetzungen evangelikalen Schrifttums erschienen, und auch die Auseinandersetzung mit der wissenschaftlichen Theologie (Theol. Begriffs-Lexikon zum NT u.a.m.) und Problemen der Gegenwart hat man nicht gescheut.

Es ist erfreulich, daß seit zwei Jahren christliche Verlage, die sich in ihrer theologischen Grundhaltung bewußt als evangelikal be-

---

[84] Rundbrief des Generalsekretärs, Marburg, 15. 12. 1971

kannt haben, in eine Arbeitsgemeinschaft eingetreten sind, die sich die Verbreitung evangelikaler Literatur zum Ziel gesetzt hat: der Aussaat Verlag, Wuppertal, der R. Brockhaus Verlag, Wuppertal, der Brunnen Verlag, Gießen/Basel, das Christliche Verlagshaus, Stuttgart und der Oncken-Verlag, Wuppertal. Ihr Ziel ist die weite Verbreitung von Büchern, denen das persönliche Zeugnis von Jesus Christus und die Heilige Schrift als Autorität für Glaube und Leben zugrundeliegen. Daneben hat sich mit ähnlicher Zielsetzung eine zweite Verlagsgruppe unter der Bezeichnung „Telos" gebildet. Sicher wird es für die Zukunft entscheidend sein, ob es der Arbeit der Studentenmission und der ihr angegliederten Schülermission wie auch den christlichen Verlagen gelingen wird, die vorhandenen „geistlichen Marktlücken" zu füllen. Das wird nicht zuletzt davon mitbestimmt werden, ob die vielen einzelnen Gruppen und Kreise mit evangelikaler Prägung, die tatsächlich in unserem Land bereits vorhanden sind, es lernen werden, weit über die Grenzen ihrer eigenen Arbeit hinauszublicken und ihre Verantwortung für das Ganze der Gemeinde Jesu Christi in unserem Volk wahrzunehmen. Die technologischen Entwicklungen der Zukunft und ideologischen Auseinandersetzungen werden uns nicht viel Zeit zum Austragen geringfügiger Meinungsverschiedenheiten und Eigenbröteleien lassen, sondern die Christen evangelikaler Prägung aus Kirchen, Freikirchen und Gemeinschaften zum gemeinsamen Handeln herausfordern.

Texte zur evangelikalen Theologie

1. Europäische Evangelische Allianz [85]
Unser Bekenntnis zur Heiligen Schrift

Wir gedenken dankbar der theologischen Lehrer an Universitäten, Hochschulen und Seminaren, die als gläubige Christen uns den Reichtum der Heiligen Schrift erschlossen haben und das auch heute noch tun. Die segensreichen Wirkungen, die von ihnen ausgehen, sind groß und haben entscheidende Bedeutung für den Dienst in Verkündigung und Seelsorge.

Wir stellen aber mit tiefer Besorgnis fest, daß mehr und mehr bestimmte Richtungen der modernen Theologie Raum gewinnen, die unaufgebbare Wahrheiten der Heiligen Schrift in Frage stellen, das Zeugnis des Evangeliums durch unsachgemäße Bibelkritik verfälschen, unter dem Einfluß fremder Ideen die Geister verwirren und die volle Kraft der Heilsbotschaft gefährden. Darum können wir nicht länger schweigen und fühlen uns verpflichtet, in aller Öffentlichkeit vor einer Theologie zu warnen, welche die Substanz unseres Glaubens bedroht.

1. Wir bekennen uns zu der ganzen Heiligen Schrift als der göttlichen, durch den Heiligen Geist gewirkten Offenbarung, die absolute Autorität besitzt und als Wort Gottes Lehre und Leben der Gläubigen bestimmt. Darum müssen wir es ablehnen, die Bibel wie irgendein anderes religionsgeschichtliches Dokument zu betrachten, und in ihr nur die Zeugnisse gottbegnadeter Menschen zu sehen, die für uns keine bindende und verpflichtende Bedeutung haben.

2. Wir bekennen uns zu der Aufgabe, in Auslegung und Verkündigung des Wortes Gottes den ganzen Inhalt der Heiligen Schrift darzulegen und ihr Kernstück, das Heil in Christus, in den Mittelpunkt zu stellen. Wir halten darum eine Verkündigung, die sich auf die durch die „Entmythologisierung" bedingte „existentiale Interpretation" der Schrift stützt, nicht nur für unzureichend, sondern auch für irreführend, weil sie das unser Heil begründende Handeln Gottes in Jesus Christus nicht voll zur Geltung bringt und so die Predigt ihrer durchschlagenden Kraft und Fülle beraubt. Eine nur anthropozentrisch ausgerichtete, das

---

[85] Evangelisches Allianzblatt Nr. 2/1965, S. 30 ff

neue Selbstverständnis des Menschen zum entscheidenden Prinzip machende Verkündigung lehnen wir ab, da sie den inneren Zusammenhang von Heilsgeschehen und Heilsbezeugung verdunkelt.

3. Wir bekennen uns zu der Wirklichkeit des lebendigen Gottes, der in Heiligkeit und Majestät über der Welt thront, der sich den Menschen in Gericht und Gnade zuwendet, um sie zu sich zu rufen und ihnen die Freiheit von Sünde und Schuld zu schenken. Darum müssen wir es ablehnen, von Gott nur als dem höchsten Prinzip, der Tiefe des Seins, dem nicht näher zu bestimmenden Beziehungspunkt unserer Existenz zu reden oder Ihn gar als eine bestimmte Art der Mitmenschlichkeit zu verstehen. Ein solcher Gott ist nicht der Gott und Vater unseres Herrn Jesus Christus. Zu ihm können wir kein Vertrauen haben, zu ihm können wir auch nicht beten.

4. Wir bekennen uns zu Jesus Christus als unserem HErrn und Erlöser, der als der Sohn Gottes vom Vater in die Welt gesandt wurde, um ihr das Heil zu bringen, der am Kreuz als Sühnopfer für unsere Sünden gestorben ist, um Seine ewige Herrschaft aufzurichten, bis Er wiederkommt und die Vollendung aller Dinge herbeiführen wird.

Darum müssen wir es ablehnen, in dem geschichtlichen Jesus nur den Rabbi von Nazareth zu sehen, dessen wahre Gestalt für uns nicht mehr erkennbar ist. Wir halten es auch für falsch, zu sagen, daß erst die Jünger auf Grund der Ostererlebnisse Ihn zu dem gemacht haben, den wir im Glauben bekennen. Dadurch wird Ihm die messianische Hoheit und die göttliche Größe genommen. Wenn Ihm in Seiner irdischen Erscheinung nur die Stellung eines Propheten eingeräumt wird, dann ist Er nicht mehr das fleischgewordene Wort, in dem die Fülle der Gottheit wohnt, und auch nicht mehr der Sohn Gottes, der in Vollmacht Sünden vergibt.

5. Wir bekennen uns zu den von Gott gewirkten Heilsereignissen, die den Grund unseres Heils und unseres Glaubens bilden. Darum lehnen wir es ab, den Heilstatsachen ihre entscheidende Bedeutung zu nehmen und in dem hier und jetzt verkündigten Wort das für uns allein gültige Heilsereignis zu erkennen. Das nicht im heilsgeschichtlichen Handeln Gottes verankerte Wort der Verkündigung wird zu einem „frei schwebenden" Wort, das nicht mehr die volle Wahrheit bezeugt.

6. Wir bekennen uns zu dem machtvollen Handeln Gottes in der Auferweckung Jesu Christi aus den Toten.

Wo die Auferstehung Christi und damit auch die ewige, göttliche Seinsweise Christi geleugnet wird, wie es weithin in der modernen Theologie geschieht, da gibt es keinen persönlichen Zugang zu Ihm und keine Gemeinschaft mit Ihm: Dann wird auch die Tatsache, daß die Gemeinde der Leib Christi ist, unglaubwürdig.

7. Wir bekennen uns zu der Wirklichkeit des Heiligen Geistes und den machtvollen Wirkungen, die von Ihm ausgehen. Darum bezeugen wir mit der Heiligen Schrift, daß der Heilige Geist bis auf den heutigen Tag den Gläubigen Seine Gaben schenkt, sie im rechten Glauben und der rechten Lehre erhält und an ihnen die Früchte des Geistes hervorbringt.

Wo dem erhöhten, lebendigen, in Seiner Gemeinde gegenwärtigen Christus keine reale Wirklichkeit zugestanden wird, da ist es auch schwer, an den Heiligen Geist zu glauben.

8. Wir bekennen uns zu der schriftgemäßen Lehre von den Letzten Dingen, dem Welt- und Heilsplan Gottes, der am Ende der Tage, beginnend mit der Wiederkunft Christi, sein Ziel erreichen wird. Darum lehnen wir es ab, die biblische Eschatologie auf die dem Glauben geschenkte Neuschöpfung zu beschränken und alle darüber hinausgehenden Aussagen der Heiligen Schrift als mythologische und darum den Menschen unserer Zeit nicht mehr zumutbare Vorstellung zu verwerfen.

Die von uns in kurzen Zügen gekennzeichnete Theologie steht im Zeichen der Reduzierung, der Umdeutung und häufig sogar der Verfälschung grundlegender biblischer Wahrheiten. Darum sind auch die geistlichen Wirkungen, die von ihr ausgehen, außerordentlich gering.

Gott aber schenke uns den Geist, der uns in alle Wahrheit leitet und uns zu dem Dienst befähigt, der uns verordnet ist, und den wir nur dann recht ausrichten können, wenn wir uns im vollen Gehorsam des Glaubens unter die Autorität der Heiligen Schrift stellen.

2. Die Basis der Evangelischen Allianz

Die Basis der Evangelischen [86] Allianz von 1846

That the parties composing the Alliance shall be such persons only as hold and maintain what an usually understood to be Evangelical views, in regard to the matters of doctrine understated, namely.

Die Basis der Evangelischen [87] Allianz von 1970

Evangelical Christians accept the revelation of the triune God given in the Scriptures of the Old and New Testaments and confess the historic faith of the Gospel therein set forth. They here assert doctrines which they regard as crucial to the understanding of the faith, and which should issue in mutual love, practical Christian service and evangelistic concern.

1. The divine Inspiration, Authority and Sufficiency of the Holy Scriptures.

2. The Right and Duty of Private Judgment in the Interpretation of the Holy Scriptures.

3. The Unity of the Godhead and the Trinity of Persons therein.

4. The utter Depravity of Human Nature, in consequence of the Fall.

1. The sovereignty and grace of God the Father, God the Son and God the Holy Spirit in creation, providence, revelation, redemption and final judgment.

2. The divine inspiration of Holy Scripture and its consequent entire trustworthiness and supreme authority in all matters of faith and conduct.

3. The universal sinfulness and guilt of fallen man, making him subject to God's wrath and condemnation.

4. The substitutionary sacrifice of the incarnate Son of God as the sole and all-sufficient ground of redemption from the guilt and power of sin, and from its eternal consequences.

---

[86] Text bei J. W. Ewing, Goodly Fellowship, 1946, S. 17

[87] Im Januar 1970 dem E A Council vorgelegt, am 9. Juli 1970 angenommen.

2. Die Basis der Evangelischen Allianz

Die Basis der Evangelischen [88] *Allianz von 1846*

Die Partner, aus denen sich die Allianz zusammensetzt, sollen nur solche Personen sein, die im Hinblick auf die untengenannten Lehren das haben und aufrechthalten, was man gewöhnlich unter einer evangelikalen Überzeugung (evangelical doctrines) versteht, nämlich:

1. Die göttliche Inspiration, Autorität und Allgenugsamkeit der Heiligen Schriften.

2. Das Recht und die Pflicht eines persönlichen Urteils (private judgment) in der Auslegung der Heiligen Schriften.

3. Die Einheit der Gottheit und in ihr die Dreiheit der Personen.

4. Die völlige Verderbtheit der menschlichen Natur infolge des Sündenfalls.

Die Basis der Evangelischen Allianz von 1970

Evangelikale Christen bekennen sich zu der in den Schriften des Alten und Neuen Testamentes gegebenen Offenbarung des Dreieinigen Gottes und zu dem im Evangelium niedergelegten geschichtlichen Glauben. Sie heben im folgenden Lehrsätze hervor, die sie als grundlegend für das Verständnis des Glaubens ansehen und die gegenseitige Liebe, praktischen Dienst der Christen und evangelistischen Einsatz bewirken sollen.

1. Die Allmacht und Gnade Gottes des Vaters, des Sohnes und des Heiligen Geistes in Schöpfung, Erhaltung (der Welt), Offenbarung, Erlösung und dem letzten Gericht.

2. Die göttliche Inspiration der Heiligen Schrift und demzufolge ihre völlige Zuverlässigkeit und höchste Autorität in allen Fragen des Glaubens und der Lebensführung.

3. Die völlige Sündhaftigkeit und Schuld des gefallenen Menschen, die ihn Gottes Zorn und Verdammnis aussetzen.

4. Das stellvertretende Opfer des menschgewordenen Gottessohnes als der einzigen und allgenugsamen Grundlage der Erlösung von der Schuld und Macht der Sünde und ihren ewigen Folgen.

---

[88] Text der Übersetzung aus: Bekenntnisse der Kirche. Bekenntnistexte aus zwanzig Jahrhunderten, Hrsg. Hans Steubing, Wuppertal 1970, S. 285 f

5. The Incarnation of the Son of God, His work of Atonement for sinners of mankind and His Mediatorial Intercession and Reign.

6. The Justification of the sinner by Faith alone.

7. The work of the Holy Spirit in the Conversion and Sanctification of the sinner.

8. The Immortality of the Soul, the Resurrection of the Body, the judgment of the World by our Lord Jesus Christ, with the Eternal Blessedness of the Righteous, and the Eternal Punishment of the Wicked.

9. The divine Institution of the Christian Ministry, and the obligation and perpetuity of the Ordinances of Baptism and the Lord's Supper.

(1) It is, however, distinctly declared that this brief summary is not to be regarded, in any formal or ecclesiastical sense, as a creed or confession, nor the adoption of it as involving an assumption of the right authoritatively to define the limits of Christian brotherhood.

(2) In the Alliance it is distinctly declared that no compromise of the views of any member,

5. The justification of the sinner solely by the grace of God through faith in Christ crucified and risen from the dead.

6. The illuminating, regenerating, indwelling and sanctifying work of God the Holy Spirit.

7. The priesthood of all believers, who form the universal church, the Body of which Christ is the Head, and which is committed by His command to the proclamation of the Gospel throughout the world.

8. The expectation of the personal, visible return of the Lord Jesus Christ, in power and glory.

5. Die Menschwerdung des Sohnes Gottes, sein Versöhnungswerk für sündige Menschen, sein Mittleramt als Fürsprecher und seine Königsherrschaft.

6. Die Rechtfertigung des Sünders allein durch den Glauben.

7. Das Werk des Heiligen Geistes in der Bekehrung und Heiligung des Sünders.

8. Die Unsterblichkeit der Seele, die Auferstehung des Leibes, das Weltgericht durch unseren Herrn Jesus Christus mit der ewigen Seligkeit der Gerechten und der ewigen Verdammnis der Bösen.

9. Die göttliche Einsetzung des christlichen Predigtamts und die Verbindlichkeit und Beständigkeit der Anordnung von Taufe und Abendmahl.

(1) Es wird jedoch ausdrücklich erklärt, daß diese kurze Zusammenfassung keineswegs in irgendeinem formalen oder kirchlichen Sinn als Glaubensbekenntnis oder Konfession verstanden werden darf; ebensowenig beinhaltet ihre Annahme, daß wir uns das Recht anmaßen, autoritativ die Grenzen christlicher Bruderschaft festzulegen.

(2) Es wird ferner ausdrücklich erklärt, daß in dieser Allianz kein Kompromiß in den Auf-

5. Die Rechtfertigung des Sünders allein durch die Gnade Gottes aufgrund des Glaubens an Christus, der gekreuzigt wurde und von den Toten auferstanden ist.

6. Das Werk des Heiligen Geistes in der Erleuchtung, der Wiedergeburt, der Innewohnung und Heiligung.

7. Das Priestertum aller Gläubigen, die die weltweite Gemeinde bilden, den Leib, dessen Haupt Christus ist, und die durch seinen Befehl zur Verkündigungen des Evangeliums in aller Welt verpflichtet ist.

8. Die Erwartung der persönlichen, sichtbaren Wiederkunft des Herrn Jesus Christus in Macht und Herrlichkeit.

or sanction of those of others on the points wherein they differ, is either required or expected, but that all an held free as before to maintain and advocate their religious convictions with due forbearance and brotherly love.

(3) It is not contemplated that this Alliance should assume or aim at the character of a new ecclesiastical organisation, claiming and exercising the functions of a Christian Church. Its simple and comprehensive object, it is strongly felt, may be successfully promoted without interferring with, or disturbing the order of, any branch of the Christian Church to which members may respectively belong.

Anmerkung:

Die evangelische Allianz (Evangelical Alliance) entstand im Jahre 1846 auf einer Versammlung in London, an der 921 evangelische Christen aus insgesamt 50 kirchlichen Gemeinschaften teilnahmen, u. a. Chr. G. Barth, F. A. G. Tholuck, J. G. Oncken und A. Monod. Auf dieser Versammlung wurde ein Bekenntnis (doctrinal basis) angenommen, das das Verbindende der so verschiedenartigen Versammlung zum Ausdruck bringen sollte: den evangelischen Glauben und das Bewußtsein der Gotteskindschaft.

Das Anliegen, aus dem heraus die Evangelische Allianz entstand und das bald begeisterte Zustimmung in vielen Ländern und von den verschiedensten Seiten fand, war das Bedürfnis, die Einheit und Zusammengehörigkeit der evangelischen Christen aufgrund ihres gemeinsamen Glaubens zum Ausdruck zu bringen. Aus der Allianz sind viele fassungen irgendeines Gliedes oder Druck (sanction) auf die eines anderen Gliedes in strittigen Punkten gefordert oder erwartet wird. Sondern alle sollen frei bleiben, ihre Glaubensüberzeugungen nach wie vor aufrechtzuerhalten und zu vertreten mit der nötigen Nachsicht und brüderlicher Liebe.

(3) Es wird nicht beabsichtigt, daß diese Allianz den Charakter einer neuen kirchlichen Organisation annimmt oder anstrebt, indem sie beansprucht, in irgendeiner Weise die Funktionen einer christlichen Kirche auszuüben. Es besteht die feste Überzeugung, daß ihr einfaches und gewichtiges Anliegen erfolgreich vertreten werden kann, ohne daß sie sich in die Ordnung irgendeines Zweiges der christlichen Kirche, zu dem ihre Glieder jeweils gehören, einmischt oder sie stört.

christliche Bewegungen und Werke hervorgegangen, so der Weltbund der Christlichen Vereine Junger Männer, der Jugendbund für entschiedenes Christentum, der Christliche Studentenweltbund und verschiedene Missionsgesellschaften.

Die nationalen Evangelischen Allianzen Europas, von denen verschiedene schon 1846 gegründet wurden (darunter eine Nord- und eine Süddeutsche), sind heute in der Europäischen Evangelischen Allianz zusammengeschlossen. Im Unterschied zur Ökumenischen Bewegung hält die Evangelische Allianz auch heute noch daran fest, daß sie „kein Kirchenbund, sondern ein Christenbund" ist. Sie wirkt u. a. durch ihre jährliche Allianz-Gebetswoche und durch Veranstaltung von Evangelisationen (z. B. Billy Graham). Ihr Bekenntnis, die 1846 beschlossene Lehrbasis [1], ist zur Grundlage der Satzungen vieler christlicher Vereinigungen, Werke und Gemeinschaften geworden.

[1] (Aus „Bekenntnisse der Kirche", Wuppertal 1970)

F. Burton Nelson

3. Biblische Ethik in einem neuen Zeitalter

Zunächst stellen wir einige Fragen und prüfen daran, ob es sich bei unserem Thema nur um eine akademische Übung oder um die Behandlung eines aktuellen Problems handelt. Sehen wir in dem Thema keine lebenswichtige Frage, so sollten wir uns der Diskussion anderer Aspekte der kirchlichen Verkündigung und Mission in unseren Tagen zuwenden. Können wir aber diese Fragen positiv beantworten, dann müssen wir uns der damit gestellten Aufgabe uneingeschränkt zuwenden:

1. Gibt es etwas, was wir als „biblische Ethik" bezeichnen können?
2. Wenn ja, kann sie klar und einfach definiert werden?
3. Ist diese biblische Ethik ein zuverlässiger Wegweiser zur Gestaltung des christlichen Lebens in unserem modernen Zeitalter?

Ich glaube, jede dieser Fragen kann mit einem überzeugten Ja beantwortet werden. Es gibt eine biblische Ethik, die klar und einfach definiert werden kann. Sie ist nicht nur ein zuverlässiger Wegweiser, um ethische Entscheidungen in unserem neuen Zeitalter zu treffen; sie ist überhaupt unentbehrlich, wenn wir „wach" und „frei" sein wollen — wach, um die Wirklichkeit unserer Zeit zu erkennen — frei, um Gott zu dienen, wenn er uns ruft.

Ethik als Antwort auf Gottes Handeln

Die biblische Ethik beruht auf der Voraussetzung, daß Gott in der Geschichte gehandelt hat und uns zu einer Antwort im Glauben und Gehorsam herausfordert. Der biblische Glaube weist uns betont immer wieder auf das, was Gott in seiner Güte, Liebe und Gnade getan hat. An dieser Stelle ist es nicht notwendig, eine ausführliche Darstellung des Zusammenhanges von Gottes Handeln und biblischer Ethik zu geben. Eine schlichte Wiederholung der grundlegenden biblischen Aussagen mag hier genügen:

Gott rief aus allen Völkern der Welt ein Volk heraus, um sein eigenes Volk zu werden. Er schloß einen Bund mit ihnen; er wollte ihr Gott sein und sie sollten sein Volk sein. Durch den Auszug aus Ägypten zeigte er seine Treue, seine Liebe und seine

Fürsorge für sein Volk. Er führte sie in das versprochene Land. Er sprach zu ihnen durch Richter und Könige, durch Propheten und Führer, damit sie ihren Auftrag in der Welt verstehen konnten. Er brachte das Gericht über sie und ließ sie nach Babylon ins Exil führen. Er ließ einige aus diesem Volk wieder in ihr Heimatland zurückkehren.

Der entscheidende Punkt für eine biblische Ethik liegt darin, daß Entscheidungen im Licht dessen getroffen werden, was Gott getan hat und fortgesetzt noch tut. Dies kann deutlich an den Parallelstellen zu den zehn Geboten abgelesen werden. Die Forderung des Gehorsams in 2. Mose 20 wird mit der Zusage begründet: „Ich bin der Herr, dein Gott, der ich dich aus Ägyptenland, aus dem Diensthause, geführt habe." In 5. Mose 5 erscheinen die zehn Gebote, nachdem in vier vorausgehenden Kapiteln ein kurzer zusammenfassender Überblick gegeben wird, wie Gottes Hand bei der Wüstenwanderung im Spiel war; wir werden an die Ereignisse beim Auszug und am Sinai erinnert: Dann schließt der Bericht: „Darum sollst du seine Rechte und Gebote halten, die ich dir heute gebiete" (5. Mose 4, 40).

Der gleiche Tatbestand läßt sich auch im Neuen Testament aufzeigen. Gott ist Mensch geworden. Er hat uns gezeigt, daß er wirklich ein Mensch von Fleisch und Blut war. Wenn wir sehen wollen, was Leben sein kann, wenn es unter der Herrschaft Gottes gelebt wird, so können wir es in Jesus sehen. Gott hat sein Handeln in der Geschichte fortgesetzt. Er gab seinen einzigen Sohn ans Kreuz und erweckte ihn am dritten Tag vom Tode. Er sandte seinen Geist, um für immer bei seinem Volk zu sein und es zu leiten. Er schuf die Möglichkeit für ein neues Leben in Christus: In jeder folgenden Generation kann das Leben jedes einzelnen Menschen neu werden, und in dieser Erneuerung können Sinn und Ziel des Lebens gefunden werden — damit die Antwort auf das tiefste Suchen des Menschen.

Biblische Ethik ist die Antwort auf das Handeln Gottes in Schöpfung, Gericht und Erlösung. Die Begründung dafür kann etwa so ausgedrückt werden:

Wir haben Erfahrungen aus erster Hand vom Handeln Gottes als Herrn. Gott war tätig, er hat geschaffen, gerichtet, erlöst und seine Pläne ausgeführt. Haben wir im Glauben angenommen, was er getan hat, so tragen wir Verantwortung ihm gegenüber als seine Kinder. Wir sind Gott Antwort schuldig in einer Weise, die seinem vorausgegangenen Handeln entspricht.

Personale Ethik: Lebensgestaltung als Dasein für andere

Biblische Ethik deutet auf ein Leben hin, das sich unter der Herrschaft Gottes entfaltet. Eine bestimmte Lebenshaltung ist nicht nur befohlen, sie wird auch erwartet. Der Hebräer war nicht führungslos und hilflos in seinen täglichen Entscheidungen im Blick auf ein gutes und aufrichtiges Verhalten. Ein reiches Maß an sittlichen Beispielen war vorhanden, um ihn in seinem Streben zu leiten und seinem Leben die rechte Gestalt zu geben: die 10 Gebote, das Buch des Bundes, die prophetische Tradition und die gemeinsame Erfahrung, die ihn mit dem ganzen Volk verband. Die Forderung nach Gerechtigkeit, die Erwartung der Fürsorge für Witwen und Waisen, Arme und Bedürftige klingt deutlich und klar in dieser Tradition auf. Der Dienst für Gott und der Dienst am Nächsten waren untrennbar miteinander verbunden.

Das Neue Testament weist ebenfalls auf eine Gestaltung des persönlichen Lebens hin, die als Antwort auf Gottes Handeln verstanden werden muß. Der Gläubige wird als neue Person in Christus angesehen, als Empfänger eines neuen Lebens, das durch die Wirksamkeit des Heiligen Geistes möglich wird. Als Richtlinien für seine ethischen Entscheidungen stehen ihm nicht nur die reichen Quellen aus der hebräischen Überlieferung zur Verfügung – die 10 Gebote, die Verkündigung der Propheten, die Psalmen und die Erfahrung von Menschen, die zu Gottes berufenem Volk gehörten. Er hat außerdem ein beträchtliches Maß an ethischer Lehre, die ihm als autoritativer Richtpunkt für die Gestaltung seines Lebens dienen kann:

Einige der Gleichnisse, die unmittelbaren Einfluß auf das Leben der Jünger haben sollen (z. B. das Gleichnis vom barmherzigen Samariter, Luk. 10, 25–37; oder das Gleichnis von den Schafen und den Böcken, Matth. 25, 31–46).

Die Bergpredigt (Mtth. 5–7), die den echten Kern der ethischen Lehre Jesu einschließt. Sie soll ein Modell des neuen Lebens darstellen, nicht ein Gesetz, durch dessen Befolgung wir uns selbst vor Gott wohlgefällig machen könnten. Sie ist also nicht einfach ein Maßstab, der uns reuevoll auf die Knie zwingen soll, vielmehr ein Verhaltensmuster, zu dem wir aufgerufen sind, weil wir eins mit Christus geworden sind.

Das sündlose Leben Jesu; „er hat uns ein Vorbild gelassen, daß ihr sollt nachfolgen seinen Fußstapfen" (1. Petr. 2, 21). Jesu Achtung vor den Menschen, sein Mitleid mit den aus der Gesellschaft Ausgestoßenen, seine Sorge für die Kranken, die Speisung der Hungernden — all diese Beispiele aus dem Leben Jesu sind Ermahnungen, auch unser Leben heute darnach auszurichten.

Das außerordentliche Gewicht, das das Neue Testament der Liebe, der Agape, zumißt. Die biblische Ethik erreicht ihren Höhepunkt im Begriff und der Praxis der Nächstenliebe. Der Christ ist aufgerufen, mit seinem ganzen Leben für andere dazusein:
 er leidet mit, wenn anderen Schmerz und Verletzungen zugefügt werden;
 er sucht nach einem Ausweg, um seinen Brüdern und Schwestern zu helfen (auch denen, die außerhalb der Gemeinschaft der Gläubigen stehen);
 er verkündigt Gottes Botschaft der Hilfe und Heilung und setzt sie auch in die Tat um;
 er verzichtet auf seine eigenen Vorrechte, um die Nöte anderer zu erleichtern.

Ein Satz liegt all diesem als Voraussetzung zugrunde: Das Leben wird unter Gottes Leitung gestaltet; das verwandelte Leben dient dazu, daß Gottes Werk in der Welt vorangetrieben wird.

Kirchliche Ethik: Das Volk Jesu — die Gemeinde für andere

Biblische Ethik ist eng mit Gottes Volk verknüpft. Sie ruft nicht nur den einzelnen zur Dienstbereitschaft, sondern ebenso die ganze christliche Gemeinde. Ein Leben in gottgemäßer Frömmigkeit, das durch die biblische Ethik seine Gestalt gewinnt, soll nicht in einsamer Absonderung gelebt werden. Es ist vielmehr in das Gefüge einer größeren Gemeinschaft von Fleisch und Blut gestellt, deren Menschlichkeit oft allzu deutlich zutage tritt. Der einzelne Hebräer war Glied einer Gemeinschaft, die Gott erwählt, aufgezogen, geliebt und gerichtet hatte. Gottes Gebote waren an die ganze Gemeinde gerichtet, mit der der einzelne geistlich verbunden war.

Das „neue Leben in Christus" ist ebenso gemeinschaftsbezogen. Der Christ ist aufgerufen, sein Leben in der Gemeinschaft mit seinen Brüdern und Schwestern zu führen und ein Glied des neuen Gottesvolkes zu sein, des Leibes Christi. In dieser neuen Gemeinschaft sind die Grenzen, die in der gesamten menschlichen Gesellschaft aufgerichtet sind, überwunden — „Jude und Grieche, Sklave und Freier, Mann und Frau" (Gal. 3, 28). Kulturelle und wirtschaftliche Grenzen, Unterschiede des sozialen Besitzstandes und der Geschlechter sind nicht mehr bedeutsam gegenüber der Einheit und Gemeinsamkeit in Christus, die uns alle vor Gott gleichstellt.

Der „Mensch für andere" wird jetzt zu den Menschen, die für andere da sind.

Das Lebensmuster der Bergpredigt wird jetzt zum angemessenen Lebensstil des gesamten Gottesvolkes.

Das Vorbild des Lebens Jesu – seine Achtung vor den Menschen, sein Mitleid, seine Fürsorge, die Speisung der Hungernden – wird jetzt zum Leitbild des ganzen Volkes Jesu.

Die Liebe, die Agape, die den wahren Sinn des Lebens eines Christen ausmacht, wird jetzt zur Leitlinie für das gesamte Gottesvolk, was sich eindrucksvoll in dem Satz spiegelt: „Siehe, wie haben sie einander so lieb!"

Die logische Folgerung sollte lauten: „Siehe, wie hat dieses Volk die anderen Menschen lieb!"

In der neuzeitlichen Theologie hat niemand dies so deutlich hervorgehoben wie der Märtyrer Dietrich Bonhoeffer:

„Die Kirche ist nur dann Kirche, wenn sie für andere da ist... Die Kirche muß sich mit den weltlichen Problemen des alltäglichen Lebens befassen, nicht um zu herrschen, sondern helfend und dienend. Sie muß Menschen in allen Lebenslagen verkünden, was es bedeutet, in Christus zu leben und für andere da zu sein."

Wir müssen noch einen Augenblick bei diesem vielleicht unbequemen Punkt stehenbleiben. Der evangelikale Flügel der Kirche ist in dieser bedeutsamen Stunde der Geschichte aufgerufen, die Wunden der Verletzten zu verbinden, den Ausgebeuteten Hoffnung und Hilfe zu bringen, die Hungrigen zu speisen und die Nackten zu kleiden, die Städte menschlicher zu gestalten und die Unterdrückten zu befreien. Das darf nicht als Alternative gegenüber einer evangelikalen Mission verstanden werden, die die frohe Botschaft Gottes verkündigt, sondern als gleichgewichtiger heiliger Auftrag des Herrn. Alle diese Aufforderungen entspringen als dringlicher Auftrag der biblischen Ethik.

Handeln – hier und jetzt!

Biblische Ethik ist keine Abstraktion. Sie hat Bedeutung für unser „Hier und Jetzt", sie ist ins menschliche Dasein übersetzte Liebe, eine verantwortungsbewußte Freiheit zu Entscheidungen, die das Leben wirklicher Menschen berühren.

Der Gott unseres Herrn Jesus Christus ruft uns, ihm im Glauben und Gehorsam zu folgen — und zwar jetzt.

Dieser Gott ruft uns, unser persönliches Leben nach dem Bild des „Menschen für andere" zu gestalten, ein neues Leben, das in Gottes Gnade und Vergebung verwurzelt ist und sich für die Leiden und Nöte des Nächsten verantwortlich weiß — und zwar jetzt.

Dieser Gott ruft uns, die Gemeinde zu dem hin formen zu helfen, was sie zu allererst sein soll: eine Gemeinschaft revolutionärer Menschen, die für andere sorgen, mit anderen leiden und andere lieben — und zwar jetzt.

Dieser Gott ruft uns, eine Gemeinde von „barmherzigen Samaritern" zu werden, eine Gemeinschaft derer, die um andere besorgt sind, die Kirche für andere — und zwar jetzt!

Wir haben uns hier nicht in Abstraktionen verloren. Wir haben den Grundstein für die Auseinandersetzung mit weltweiten Problemen gelegt, mit denen sich die Gemeinde ebenso wie die ganze Menschheit konfrontiert sieht. Die biblische Ethik gibt uns die theologische Begründung und das nötige Vertrauen, uns verantwortungsvoll damit auseinanderzusetzen und Gottes Ruf zum Dienst in dieser Welt gläubig zu folgen.

1. *Der Ruf der Unterdrückten, frei zu sein*

Wenn die biblische Ethik für dieses neue, veränderte Zeitalter verbindlich sein soll, muß sie uns zu Wort und Tat befähigen:
zugunsten der Schwarzen, die ihre Freiheit erstreben;
zugunsten von Minderheiten, deren Würde und Ansehen als Menschen, die nach dem Bilde Gottes geschaffen wurden, bestritten wird;
zugunsten all der Menschen, die der Ausbeutung, Unterdrückung und Ungerechtigkeit zum Opfer gefallen sind.

Hören wir doch auf das, was Tom Skinner, ein hartnäckiger Fürsprecher der Farbigen mit Überzeugung auf dem amerikanischen Kongreß für Evangelisation sagte:

„Wenn ich in deine Nachbarschaft zöge und dort ein Haus kaufen wollte, und man mir dabei Schwierigkeiten bereitete, würdest du dann Stellung dagegen nehmen? Wenn meine Tochter sich in deinen Sohn verliebte und sie sich entschieden zu heiraten, würdest du ihnen gestatten, die Hochzeit in Frieden zu feiern? Willst du mir die Bruderhand als Antwort reichen und mich als deinen Bruder anerkennen? Das ist es, wonach sich unsere schwarzen Brüder sehnen, nach einem echten, brüderlichen Verhältnis.

Es sind 25 Millionen Menschen draußen, die auf eine Entscheidung warten, was wir als Christen tun werden, die auf die Entscheidung warten, ob das Evangelium von Jesus Christus wirklich für alle Menschen gilt. Sie möchten feststellen, ob du und ich bereit sind, eine echte und wahre Gemeinschaft einzugehen, so daß wir, wenn eine Revolution ausbräche, bereit wären, einer für den anderen das Leben hinzugeben. Menschen rufen sehnsüchtig nach uns, um eine Bestätigung zu haben, daß es in einem gewöhnlichen Menschenleben möglich ist, mit dem Leben des Christus erfüllt zu werden. Sie möchten den Beweis, daß der unsichtbare Gott im menschlichen Leben sichtbar werden kann."

Der Richtweiser für die Gemeinde, der unmittelbar der biblischen Ethik entspricht, ist einfach und deutlich: eine Kampfansage gegen die Rassendiskriminierung in der Gemeinde; in der Gemeinschaft des Volkes Gottes gibt es keinen Raum dafür. Diese Kampfansage gilt ebenso dem Rassenhaß in der gesamten menschlichen Gesellschaft. Hier handelt es sich um die Vorbeugung des menschlichen Wesens, das Gott all denen gegeben hat, die er nach seinem Bilde schuf. Jeder Christ, jede Gemeinde, jeder Kirchenverband, die nicht fähig oder willens sind, den Notschrei der Benachteiligten heute zu hören – ob gelb, rot, schwarz oder weiß, hört auch nicht mehr auf Gott. Die biblische Ethik fordert von uns, daß wir hören.

2. Die Vergewaltigung der Erde

Es ist kein besonders schöner Ausdruck – die „Vergewaltigung" der Erde. Er soll es auch nicht sein. Gott gab dem Menschen die Erde, damit er sie bebaue und erschließe. Aber der Mensch hat die Erde vergewaltigt; er hat ihren Reichtum verwüstet, den Ertrag geplündert, die Bodenschätze verschwendet.

Die ökologische Krise, die Zerstörung der lebenden Umwelt, ist nicht so sehr ein akademisches Problem, das auf fachwissenschaftlichen Konferenzen, in politischen Ansprachen und bei Protesten auf dem Universitätsgelände diskutiert werden soll. Verschmutzte Luft und stinkendes Wasser, qualmende Fabrikschlote, aussterbende Seen und Flüsse, Ausbeutung der Natur und ihrer Bodenschätze, sind nicht wissenschaftliche, technologische oder politische Probleme. Hier handelt es sich im Grunde um einen moralischen, theologischen, religiösen Aspekt, der unmittelbar der biblischen Ethik entspringt, über die wir bis jetzt gesprochen haben.

Natürlich gehört hierher auch im weiteren Sinne die geistige Umweltverschmutzung, die Verschmutzung der Seele und des Denkens durch die Pornographie, die Versklavung der Leiber durch Rauschgift, Alkohol und Nikotin, gegen die sich die Kreise der Gläubigen von jeher gewandt haben. Die Christen dürfen sich aber hier nicht selbst eine Grenze für ihr verantwortliches Handeln setzen.

Ein neues Zeitalter liegt vor uns. Es ist das Zeitalter der Verschönerung und Verbesserung unserer Umwelt. Alle Naturschätze, einschließlich Schwefel, Aluminium und der vielen Bestandteile des Mülls müssen wieder verarbeitet werden. So wie ein Bauer, der *ein* gutes Feld besitzt, so hat auch die Menschheit nur *eine* Umwelt und nicht mehr. Weil es so ist, müssen wir sie vernünftig und vorsichtig behandeln, denn es ist wirklich nur die einzige, die es gibt. Die Umwelt wurde uns gegeben, sie hat Grenzen und Begrenzungen. Sicherlich wird es in ihr noch Platz für viele unserer Mitmenschen geben, aber wir sollten uns doch trotzdem einmal Gedanken darüber machen, daß es eines Tages notwendig sein wird, ein lebenswichtiges Gleichgewicht herzustellen, damit der Mensch und die ganze Naturwelt in einer Symbiose zusammen leben können. Das Zeitalter der Verbesserung und Verschönerung unserer Umwelt sollte von allen Zweigen der Gesellschaft wahrgenommen werden. Industrie und Wirtschaft, Technologie, Regierung und Verbraucher müssen das erkennen und verstehen, wenn wir und unsere Kinder überleben sollen.

Die Richtung, die die Kirche einschlagen soll, ist in der biblischen Ethik klar zu sehen:

Entwickelt eine Theologie der Erde, ein Verwalteramt für die ganze Schöpfung. Übernehmt die Führung in der Errettung der Umwelt vor mutwilliger, verantwortungsloser Zerstörung — durch den Hinweis auf Gottes Gaben in der Schöpfung; durch verantwortungsvolle Handlungsweise, durch Zusammenarbeit mit zuständigen Behörden, durch Unterstützung der zuständigen Gesetzgebung in der Regierung.

3. *Die Armen und die Hungrigen*

Wie es schon im Thema angedeutet ist, leben wir in einem neuen Zeitalter. Die Zeichen und Symbole des neuen Zeitalters umgeben uns überall und laden uns dazu ein, ein tieferes Verständnis für „Wunder" aufzubringen:

Zwei Erdbewohner fahren mit einem Go-cart auf der Oberfläche des Mondes und sammeln Gestein, das Milliarden Jahre alt ist. — Die Verpflanzung eines menschlichen Herzens und anderer lebenswichtiger Organe vom Körper eines Menschen in den eines anderen. — Die Kontrolle über das Wetter — die Kultivierung und Nutzung des Meeresbodens.

Das alte Zeitalter ist aber auch noch vorhanden. Die erschreckende Wirklichkeit in Biafra, Ost- Pakistan und in unterentwickelten Ländern, sowie die Elendsviertel mit Armut und Hunger in den entwickelten Ländern, sind uns allen sehr gut bekannt. Die Tatsache, daß mehr als die Hälfte aller Erdbewohner hungrig zu Bett gehen, läßt sich mit Leichtigkeit beweisen.

Hören wir hier auf einen Sprecher der evangelikalen Gruppe der Kirchen (Rufus Jones):

„Es ist nicht notwendig, ein Verfechter des sozialen Evangeliums oder seines modernen Äquivalents zu sein, um für moralische und soziale Gerechtigkeit einzustehen. Es ist auch nicht nötig, utopische Träume und Visionen zu haben, um an der Beseitigung der Zustände mitzuwirken, die die Armut hervorrufen, ganz gleich, ob sie politischer, moralischer oder sozialer Art sind. Wir können den Grundbedarf an Nahrungsmitteln, Wohnraum, Kleidung und Medikamenten aufbringen und immer noch genug übrighaben, einschließlich dem Luxus, an den wir gewöhnt sind, um ein solches Leben zu leben, an dem sich alle erfreuen können. Eine Nation, die den Weltraum erschließen und Menschen zum Mond schicken kann, sollte auch in der Lage sein, die erforderlichen wirtschaftlichen Änderungen durchzuführen und allen seinen Bürgern ein anständiges Leben zu ermöglichen."

Meine eigene Ansicht über die biblische Ethik in dieser Frage ist deutlich und klar:

Das Volk Gottes muß der Armut und dem Hunger mit der Barmherzigkeit Gottes entgegentreten, welcher die hungrigen Massen der Menschen mit Erbarmen und Mitleid überschüttete. Die Verkündigung der Frohen Botschaft soll nicht von der Speisung der Hungrigen getrennt werden. Sie beide gehören zusammen; sie sind ein Teil unserer Verantwortung, welche uns als Dienern Gottes auferlegt worden ist, nämlich eine Gemeinde für andere zu sein.

4. Frankfurter Erklärung* zur Grundlagenkrise der Mission

Wehe mir, wenn ich das Evangelium nicht predigte! (1. Korinther 9,11)

Die Kirche Jesu Christi hat das heilige Vorrecht und die unabdingbare Verpflichtung, an der Sendung des dreieinigen Gottes in die Welt teilzunehmen. Dadurch soll Sein Name unter allen Völkern verherrlicht, von Seinem zukünftigen Zorn bedrohte Menschen gerettet und zu einem neuen Leben geführt und die Herrschaft Seines Sohnes Jesus Christus in Erwartung Seiner Wiederkunft aufgerichtet werden.

So hat die Christenheit den Sendungsauftrag Christi seit je verstanden und wahrgenommen, wenn auch nicht immer in der gleichen Treue und Klarheit. Die Erkenntnis von der Größe der Aufgabe und von der missionarischen Gesamtverpflichtung der Kirche führte zum Bemühen um die Hineinnahme der Mission in die Landeskirchen und 1961 in den Ökumenischen Rat der Kirchen als dessen Kommission und Abteilung für Weltmission und Evangelisation. Ihr Ziel, laut ihrer Verfassung, ist es, darauf hinzuwirken, „daß das Evangelium von Jesus Christus in der ganzen Welt verkündigt wird, damit alle Menschen an ihn glauben und errettet werden". In dieser Bestimmung sehen wir das apostolische Grundanliegen des Neuen Testamentes ebenso wie das Sendungsverständnis der Väter der evangelischen Missionsbewegung zutreffend wiedergegeben.

Heute ist jedoch die organisierte christliche Weltmission in eine tiefe Grundlagenkrise geraten. Daran tragen nicht nur die äußeren Widerstände und unsere erlahmende geistliche Kraft in Kirchen und Missionsgesellschaften Schuld. Gefährlicher ist die Verschiebung ihrer vorrangigen Aufgaben aufgrund einer schleichenden theologischen Verfälschung ihrer Begründung und Zielsetzung.

Durch diese innere Zersetzung bedrängt, sehen wir uns veranlaßt, folgende öffentliche Erklärung abzugeben.

Wir wenden uns damit an alle evangelischen Christen, die sich durch den Glauben an die Erlösung durch Jesus Christus für den Fortgang seines Rettungswerkes an der nichtchristlichen Menschheit verantwortlich wissen. Wir wenden uns an die Leitungen der

---

* In der Frankfurter Erklärung handelt es sich nicht um einen Text evangelikaler Theologie, wohl aber wird die Erklärung im Lager der Evangelikalen stark diskutiert. Sie wurde von den Evangelikalen Missionen begrüßt und akzeptiert.

Kirchen und Gemeinden, denen die weltweite Perspektive ihres geistlichen Auftrages deutlich geworden ist. Wir wenden uns schließlich an alle evangelischen Missionsgesellschaften und ihre übergreifenden Organe, die entsprechend ihrer geistlichen Tradition besonders berufen sind, über die echte Zielsetzung missionarischen Handelns zu wachen.

Wir bitten Sie herzlich und eindringlich, nachfolgende Thesen auf ihre biblische Begründung zu prüfen und festzustellen, inwieweit die abgewehrten Irrtümer und Handlungsweisen der tatsächlichen gegenwärtigen Sachlage in Kirche, Mission und Ökumene entsprechen. Im Falle Ihrer Zustimmung bitten wir Sie, dies durch Ihre Unterschrift zu bekunden und sich in Ihrem Wirkungsbereich mit uns bußfertig und entschlossen für die Geltendmachung dieser Leitsätze einzusetzen.

Sieben unaufgebbare Grundelemente der Mission

1. *„Mir ist gegeben alle Gewalt im Himmel und auf Erden. Darum gehet hin, und machet zu Jüngern alle Völker: Taufet sie auf den Namen des Vaters und des Sohnes und des Heiligen Geistes, und lehret sie halten alles, was ich euch befohlen habe. Und siehe, ich bin bei euch alle Tage bis an der Welt Ende." (Matthäus 28,18—20).*

Wir erkennen und bezeugen:

Die christliche Mission erfährt ihre Begründung, Zielsetzung, Arbeitsaufgabe und den Inhalt ihrer Verkündigung allein aus dem Auftrag des auferstandenen Herrn Jesus Christus und aus seinem Heilswerk, wie uns beides im Zeugnis der Apostel und der Urchristenheit im Neuen Testament berichtet wird. Mission liegt im Wesen des Evangeliums begründet.

Damit wenden wir uns gegen die heutige Tendenz, Wesen und Aufgabe der Mission aus den gesellschaftspolitischen Analysen unserer Zeit und den Anfragen der nichtchristlichen Menschheit zu bestimmen. Was das Evangelium den heutigen Menschen im tiefsten zu sagen hat, ergibt sich nicht erst in der Begegnung mit ihnen, sondern ist durch das apostolische Zeugnis ein für alle Male normativ vorgegeben. Es bekommt durch die Situation nur einen neuen Aspekt der Anwendung. Die Preisgabe des Schriftprinzips führt zur Konturlosigkeit der Mission und zu ihrer Verwechslung mit einer allgemeinen Weltverantwortung.

2. „*Also will ich denn herrlich, heilig und bekannt werden vor vielen Heiden, daß sie erfahren sollen, daß ich der Herr bin.*" (Hesekiel 38,23)

„*Ich will Dir danken, Herr, unter den Heiden und Deinem Namen lobsingen.*" (Psalm 18,50 und Römer 15,9).

Wir erkennen und bezeugen:

Das erste und oberste Ziel der Mission ist die *Verherrlichung des Namens des einen Gottes* auf der ganzen Erde und die Kundmachung der Herrschaft Jesu Christi, Seines Sohnes.

Damit wenden wir uns gegen die Behauptung, es ginge in der Mission jetzt nicht mehr so sehr um den Hinweis auf Gott, sondern um das Offenbarwerden des neuen Menschen und die Ausbreitung einer neuen Menschlichkeit in allen gesellschaftlichen Bezügen. Die *Humanisierung* ist nicht vorrangiges Ziel der Mission, sondern eine Auswirkung unserer Neugeburt durch Gottes Erlösungshandeln in Christus an uns, oder auch ein indirektes Ergebnis der christlichen Verkündigung in ihrer weltgeschichtlichen Durchsäuerungskraft.

Die vereinseitigende Ausrichtung des missionarischen Interesses auf den Menschen und seine Gesellschaft führt zum Atheismus.

3. „*In keinem anderen ist das Heil, ist auch kein anderer Name unter dem Himmel den Menschen gegeben, darin wir sollen selig werden.*" (Apostelgesch. 4, 12).

Wir erkennen und bezeugen:

Jesus Christus unser Heiland, wahrer Gott und wahrer Mensch, wie Er uns in der Heiligen Schrift in Seinem Persongeheimnis und Seinem Heilswerk vor Augen gestellt ist, ist Grund, Inhalt und Autorität unserer Sendung. Ziel dieser Sendung ist es, allen Menschen in allen Lebensbereichen die Gabe Seines Heils bekanntzumachen.

Dadurch fordern wir die Nichtchristen, die ja aufgrund der Schöpfung Gott gehören, zum Glauben an Ihn und zur Taufe auf Seinen Namen auf; denn in Ihm allein ist ihnen ewiges Heil verheißen.

Damit wenden wir uns gegen die seit der 3. Weltkirchenkonferenz zu Neu-Delhi in der Ökumene sich verbreitende falsche Lehre, daß sich Christus anonym auch in den Fremdreligionen, dem geschichtlichen Wandel und den Revolutionen so offenbare, daß Ihm der Mensch ohne direkte Kunde des Evangeliums hier begegnen und sein Heil in Ihm finden könne.

Wir verwerfen zugleich die unbiblische Beschränkung der Person und des Werkes Jesu auf seine Menschlichkeit und sein sittliches Beispiel.

Damit ist die Einzigartigkeit Christi und des Evangeliums zugunsten eines Humanitätsprinzips preisgegeben, das andere auch in anderen Religionen und Weltanschauungen finden können.

4. *„Also hat Gott die Welt geliebt, daß Er Seinen eingeborenen Sohn gab, auf daß alle, die an Ihn glauben, nicht verloren werden, sondern das ewige Leben haben".* (Joh. 3, 16).

„So bitten wir nun an Christi statt: ‚Lasset Euch versöhnen mit Gott' " (2. Korinther 5, 20).

Wir erkennen und bezeugen:

Mission ist verkündigende, sakramentale und diakonische *Bezeugung und Darbietung des ewigen Heiles* in der Stellvertretung Jesu Christi durch seine Gemeinde und Seine bevollmächtigten Sendboten. Dies Heil beruht auf dem ein für alle Male geschehenen Kreuzesopfer Jesu Christi für die gesamte Menschheit.

Die Zueignung dieses Heiles an die einzelnen Menschen geschieht jedoch erst durch die in die Entscheidung rufende Verkündigung und durch die Taufe, die die Glaubenden in den Dienst der Liebe stellen. Ebenso wie der Glaube in Buße und Taufe das ewige Leben empfängt, führt der Unglaube durch seine Ablehnung des Heilsangebotes in die Verdammnis.

Damit wenden wir uns gegen die objektivistische Meinung, als ob in Kreuz und Auferstehung Jesu Christi bereits die ganze Menschheit aller Zeiten neu geboren sei und unabhängig von dem Wissen um das geschichtliche Heilshandeln Gottes und ihren Glauben daran schon Friede mit ihm hätte. Durch solche falsche Auffassung verliert der Evangelisationsauftrag seine Vollmacht und Dringlichkeit. Die unbekehrten Menschen werden in eine verhängnisvolle Sicherheit über ihr ewiges Schicksal gewiegt.

5. *„Ihr aber seid das auserwählte Geschlecht, das königliche Priestertum, das Volk des Eigentums, daß ihr verkündigen sollt die Wohltaten des, der euch berufen hat von der Finsternis zu seinem wunderbaren Licht."* (1. Petrus 2,9).

„Stellet Euch nicht dieser Welt gleich!" (Römer 12, 2).

Wir erkennen und bezeugen:

Das vorrangige sichtbare Arbeitsziel der Mission ist die *Sammlung* der messianischen *Heilsgemeinde* aus und unter allen *Völkern.*

Die missionarische Verkündigung soll überall zur Pflanzung der Kirche Jesu Christi führen, die eine neue, ausgegrenzte Wirklichkeit als Salz und Licht in ihrer gesellschaftlichen Umwelt darstellt.

Den Gliedern der Gemeinde schenkt der Heilige Geist durch das Evangelium und die Sakramente das neue Leben und eine geistliche Gemeinschaft mit dem real bei ihnen gegenwärtigen Gott und untereinander, die in Ewigkeit Bestand hat. Aufgabe der Gemeinde ist es, durch ihr Zeugnis auch die Verlorenen, die noch außerhalb ihrer Gemeinschaft leben, zur heilbringenden Gliedschaft am Leibe Christi zu bewegen und das Evangelium als neue Gemeinschaft darzustellen.

Damit wenden wir uns gegen die Anschauung, als ob die Kirche – als Gemeinde Jesu – nur ein Teil der Welt sei. Wir verneinen die Einebnung des seinshaften Unterschiedes zwischen beiden in einem bloß erkenntnismäßigen und funktionalen. Wir bestreiten, daß die Kirche der Welt nichts anderes voraus habe, als allein das Wissen um das zukünftige Heil angeblich aller Menschen.

Wir wenden uns weiter gegen das einseitig verdiesseitigte Heilsverständnis, nach dem Kirche und Welt nur gemeinsam an einer rein sozialen Versöhnung Anteil haben. Das würde zur Selbstauflösung der Kirche führen.

6. *„Gedenket daran, daß ihr, die ihr vormals ... Heiden gewesen seid ... zu jener Zeit waret ohne Christus, ausgeschlossen vom Bürgerrecht in Israel und fremd den Testamenten der Verheißung; daher ihr keine Hoffnung hattet und waret ohne Gott in der Welt."* (Eph. 2, 11–12).

Wir erkennen und bezeugen:

Das Heilsangebot in Christus richtet sich ausnahmslos an alle Menschen, die ihm noch nicht im bewußten Glauben verbunden sind. Die Anhänger fremder Religionen und Weltanschauungen können an diesem Heil nur dadurch Anteil bekommen, daß sie sich von ihren vormaligen Bindungen und ihren falschen Hoffnungen befreien lassen, um durch Glauben und Taufe in den Leib Christi eingegliedert zu werden. Auch Israel soll sein Heil in der Bekehrung zu Jesus Christus finden.

Damit verwerfen wir die Irrlehre, als ob die Religionen und Weltanschauungen auch Heilswege neben dem Christusglauben seien.

Wir bestreiten, daß „christliche Präsenz" unter den Anhängern der Fremdreligionen und wechselseitiger religiöser Austausch mit ihnen im Dialog ein Ersatz für die zur Bekehrung drängende Verkündigung des Evangeliums seien, statt allein eine gute Form missionarischer Anknüpfung.

Wir bestreiten, daß die Entlehnung christlicher Ideen, Hoffnungsziele und sozialer Verhaltensweisen — auch abgesehen von deren ausschließlicher Beziehung auf die Person Jesu Christi — die Fremdreligionen und Ideologien zu einem Ersatz für die Kirche Christi machen können. Sie geben ihnen vielmehr eine synkretistische und damit antichristliche Ausrichtung.

7. *"Und es wird gepredigt werden dies Evangelium vom Reiche der ganzen Welt zum Zeugnis für alle Völker, und dann wird das Ende kommen."* (Matthäus 24, 14).

Wir erkennen und bezeugen:

Die christliche Weltmission ist das entscheidende fortschreitende Heilshandeln Gottes unter den Völkern zwischen Auferstehung und Wiederkunft Jesu Christi.

Durch die Predigt des Evangeliums werden immer neue Völker und Menschen in die Entscheidung für oder gegen Christus gerufen.

Wenn alle Völker das Zeugnis von ihm gehört und ihre Antwort darauf gegeben haben, wird sich der Konflikt zwischen der Gemeinde Jesu und der Welt unter deren Führung durch den Antichristen aufs bedrängendste zuspitzen. Dann wird der wiederkommende Christus selbst diese Weltzeit abbrechen, die dämonischen Mächte des Bösen unschädlich machen und Sein messianisches Reich sichtbar und uneingeschränkt aufrichten.

Wir verwerfen die unbegründete Behauptung, daß die Zukunftserwartung des Neuen Testamentes durch das Ausbleiben der Wiederkunft Jesu widerlegt worden und darum aufzugeben sei.

Damit verwerfen wir zugleich die schwärmerische Ideologie, als ob entweder unter dem Einfluß des Evangeliums oder unter der anonymen Wirksamkeit Christi in der Weltgeschichte die gesamte Menschheit schon in dieser Weltzeit einem Zustand allgemeinen Friedens und der Gerechtigkeit zugehe und schließlich unter Christus zu einer großen Weltgemeinschaft vereint werden würde.

Wir verwerfen die Ineinssetzung von Fortschritt, Entwicklung und sozialem Wandel mit dem messianischen Heil und ihre fatale Konsequenz, daß Beteiligung an der Entwicklungshilfe und revolutionärer Einsatz in den Spannungsfeldern der Gesellschaft die zeitgenössischen Formen christlicher Mission seien. Diese Ineinssetzung wäre vielmehr die Selbstauslieferung an die schwärmerischen Bewegungen unserer Zeit in Richtung auf deren antichristlichen Fluchtpunkt.

Wir bejahen dagegen das entschlossene Eintreten aller Kirchen für Gerechtigkeit und Frieden und den Entwicklungsdienst als eine zeitgemäße Verwirklichung der göttlichen Forderung nach Barmherzigkeit und Recht sowie des Liebesgebotes Jesu.

Wir sehen darin eine wichtige Begleitung und Beglaubigung der Mission. Wir bejahen auch die humanisierenden Konsequenzen der Bekehrung als zeichenhafte Hinweise auf den kommenden messianischen Frieden.

Wir betonen aber, daß im Unterschiede zur ewig gültigen Vergebung im Glauben an das Evangelium all unsere sozialen Errungenschaften und politischen Teilerfolge durch das eschatologische „Noch nicht" des kommenden Reiches und die noch nicht vernichtete Macht der Sünde, des Todes und des Teufels, des „Fürsten dieser Welt", begrenzt werden.

Das setzt unserem missionarischen Dienst seine Prioritäten und stellt ihn in die sich ausstreckende Erwartung Dessen, der uns verheißt:

„*Siehe, Ich mache alles neu!*" (Offenbarung 21,5).

Die „Konferenz evangelischer Missionen" formulierte anläßlich ihrer Jahrestagung vom 17.–19. Februar 1972 in Velbert folgende Zusatzerklärung:

„Im Blick auf das Missionsverständnis in der gegenwärtigen Situation bekennen sich die Teilnehmer zur Frankfurter Erklärung unter der Voraussetzung, daß in ihrem Kreis verschiedene Verständnisse von Kirche und Sakrament vertreten sind, und daß die Zustimmung zur Frankfurter Erklärung nicht eine Festlegung auf eines dieser verschiedenen Verständnisse bedeutet."

Viten

Edward John Carnell: geb. 1919, gest. 1967; Studium am Wheaton College, Westminster Theol. Seminary, Harvard Divinity School und Boston University. Prof. für Philosophie und Religionswissenschaft am Gordon College und Divinity School, 1945—1948. Prof. für Ethik und Religionsphilosophie am Fuller Theol. Sem., 1948—1967 (Präsident von 1954—1959). — „An Introduction to Christian Apologetics" (1948). „A Philosophy of the Christian Religion" (1952). „The Case for Orthodox Theology" (1959).

Everett Fr. Harrison: geb. 1902. Studium an der University of Washington, Princeton University, Princeton Seminary, University of Pennsylvania. Prof. für Altes Testament am Dallas Theological Seminary, 1932—1935. Prof. für Neues Testament am Dallas Theol. Sem., 1935—1940; als Missionar am Hunan Bible Institut, Prov. Hunan, China; 1944—1947 wieder Dallas Theol. Sem. Prof. für Neues Testament am Fuller Theol. Sem. seit 1947 — „Introduction to the New Testament" (1964). „A short life of Christ" (1968). „Jesus and His Contemporaries" (1970^2).

Carl F. H. Henry: geb. 1913. Studium am Wheaton College, Northern Baptist Sem., Boston University. Prof. für Systematische Theologie am Northern Baptist Sem. 1940—1947. Prof. für Systematische Theologie und Christl. Philosophie am Fuller Theol. Sem. 1947—1956. Herausgeber von Christianity Today, 1956—1968. Seit 1969 am Large Eastern Baptist Sem. — „Remaking the Modern Mind" (1948). „The Drift of Western Thought" (1951). „Christian Personal Ethics" (1957). „Frontiers in Modern Theology" (1966).

George E. Ladd: geb. 1911. Studium am Gordon College, Gordon Divinity School, Boston University, Harvard University. Dozent für Griechisch, Gordon College, 1942—1945. Prof. für Neues Testament, Gordon Divinity School 1946—1950. Prof. für Neues Testament am Fuller Theol. Sem. seit 1950. — „Crucial Questions about the Kingdom of God" (1952). „Jesus and the Kingdom" (1964). „The New Testament and Criticism" (1965).

John Warwick Montgomery: geb. 1931. Studium an der Cornell University, University of California, Hamma Divinity School of Wittenberg University, University of Chicago, B. D.; Ph. D.;

D. Theol. (Universität Straßburg). Doz. f. Hebräisch, Griechisch und Latein an der Wittenberg University 1956–1959. Prof. f. Kirchengesch. Waterloo Lutheran University 1960–1964. Trinity Evangelical Divinity School Deerfield/Illinois seit 1964. — „Chytraeus on Sacrifice" (1962). „The Shape of the Past" (1962). „The ‚Is God dead?' Controversy" (1966). „The Altizer-Montgomery Dialogue" (1967). „Crisis in Lutheran Theology" (1967). „Es Confiable el Christianisomo?" (1968). „Ecumenicity, Evangelicals, And Rome" (1969). „Where is history Going?" (1969). „The Suicide of Christian Theology" (1969). „Damned through the Church" (1970). „Christianity for the Tough-Minded" (1971). „Cross and Crucible" (1971).

Harold John Ockenga: geb. 1905. Studium an der Taylor University, Princeton Seminary, Westminster Seminary, University of Pittsburgh. Pfarrer der Point Breeze Presbyterian Church, Pittsburgh, 1931–1936. Pfarrer der Park Street Church, Boston, 1936–1969. Mitgründer und Präsident des Fuller Theol. Sem. (1947–1954, 1960–1963). Präsident des Gordon College and Gordon Conwell Theol. Sem. seit 1969. — „Our Protestant heritage" (1938). „Everyone that Believeth" (1942). „Our Evangelical Faith" (1946).

Clark H. Pinnock: geb. 1937. Studium an der University of Toronto und University of Manchester/Engl. Doz. für Neues Testament, Univ. of Manchester 1963–1965, Prof. für Neues Testament am New Orleans Baptist Theological Seminary 1965–1969. Seit 1969 Prof. f. Systematische Theologie, Trinity Evangelical Divinity School, Deerfield, Illinois - „A Defense of Biblical Infallibility" (1967). „Set Forth Your Case" (1967). „Theology for the Future" (1971). „Biblical Revelation; Foundation of Christian Theology" (1971).

Bernard L. Ramm: geb. 1916. Studium an der University of Washington, Eastern Baptist Theological Seminary, University of Southern California. Prof. f. Systematische Theologie und Philosophie am Bethel College and Theol. Sem.; Prof. für Religionswissenschaft und Dir. für Graduate Studies, Baylor University. Seit 1959 Prof. für Syst. Theologie und Christian Apologetics, American Baptist Seminary of the West, Covina, Calif. — „Protestant Biblical Interpretation" (1950). „The Christian View of Science and Scipture" (1955). „Special Revelation and the Word of God" (1961).

1096/72/8.80